U0910319

王阳明智慧箴言

Wang Yangming Zhihui Zhenyan

陈金川 编著

中国纺织出版社

内 容 提 要

本书从王阳明的著作中节选一百句箴言，围绕王阳明的心学思想和人生历程，参考历史上的名人事例，结合现代社会的特点，进行到位的解读和阐释，对读者励志、交友、德行、处世、修身、治家、治学等都有一定的启迪作用。

图书在版编目（CIP）数据

王阳明智慧箴言 / 陈金川编著 . -- 北京：中国纺织出版社，2013.10（2024.3 重印）

ISBN 978-7-5064-9956-9

Ⅰ. ①王… Ⅱ. ①陈… Ⅲ. ①王守仁 (1472~1528) —箴言 Ⅳ. ① B248.2

中国版本图书馆 CIP 数据核字（2013）第 191352 号

责任编辑：郝珊珊　　特约编辑：金　菊　　责任印制：储志伟

中国纺织出版社出版发行

地址：北京市朝阳区百子湾东里 A407 号楼　邮政编码：100124

销售电话：010—67004461　传真：010—87155801

http://www.c-textilep. com

E-mail: faxing@c-textilep. com

德富泰（唐山）印务有限公司印刷　各地新华书店经销

2013 年 10 月第 1 版　2024 年 3 月第 2 次印刷

开本：710 × 1000　1/16　印张：16

字数：153 千字　定价：29.80 元

前言

preface

“为天地立心，为生民立命，为往圣继绝学，为万世开太平。”这是宋代大学者张载提出的儒家最高道德理想，以此来形容王阳明的一生亦不为过。

王阳明出生于明朝中叶，在那个社会动荡、政治腐败、学术委靡之时代，他怀着成为圣贤的抱负，以天下苍生为己任，创下了令人瞩目的世功和学说。王阳明命途多舛，屡试未中，及第之后入朝为官，在任兵部主事时，因反对刘瑾等宦官为政，被贬谪为龙场的驿丞，后来受朝廷重用，平乱屡建世功，荣封“新建伯”，官至南京兵部尚书。在学术思想方面，他钻研朱熹“格物致知”的儒家思想，对“存天理、灭人欲”之说产生了疑惑，认为朱子学说不是真正的圣人之学，“心学”才能解释其中的困惑。从而转学陆九渊的学说，随后创立了“心学”。

纵观王阳明的人生历程，虽然一路坎坷，但他世功显赫，学名昭昭，成为中国历史上在立德、立功、立言三方面都有显著作为的大家。

中国著名学者郭沫若先生曾说：“王阳明是伟大的精神生活者，他是儒家精神的复活者。”哈佛大学教授杜维明甚至认为，王阳明是近五百年来儒家的源头活水。可见，王阳明在中国传统儒家文化精神的传承和立新两方面的重要地位。王阳明的思想流传千古，响彻中外。

王阳明的思想大致可分为三个部分：心即是理，知行合一，致良知。

心是天地万物的主宰，心外无理，心外无物，是心学说的基本观点。他认为人心是根本的问题，是产生善与恶的源头。任何外在

的行动、事物都是受思想支配的，一切统一于心。

针对当时社会言行不一的弊病，王阳明提出了知行合一之说，纠正了朱熹先知后行的知行观。他认为知行是不能够分离的，知是行的主意，行是知的功夫；知是行之始，行是知之成。总之，有知必有行，有行必有知。

王阳明摸索的致良知的道路，用他自己的话说是“从百死千难中得来”，是“千古圣贤相传的一点真骨血”。良知人人都有，致良知就是让心回到“无善无恶”明洁的本真状态，是通过主体的意识达到自我道德的修养，规范自我的行为。致良知被称为王阳明心学的核心部分。

王阳明的一生都在坚持自度度人、成己成人的原则。从良知出发，人人皆是平等的，凡人也可以成为圣人。只要维护心为本体，做到心外无物，追求透彻的本心，胸怀洒脱、超然入圣，就没有什么困难可言！这个思想一出世，便产生了振聋发聩的作用，打破了程朱理学的禁锢，为委靡消沉的社会灌输了生机与活力，一时间心学占据了当时学术的主导地位。

王阳明的心学旨在呼唤人的本体意识，着重强调个体本身的价值和自我人性的修养。心学不仅对当时的社会产生了巨大的影响，而且对现在的社会也具有深刻的意义。

今天面对节奏越来越快的生活，疲惫不堪的人们麻木地追求金钱、地位、名利。精神生活逐渐荒芜，心灵也越发孤独。王阳明的学说虽然不是新时代的产物，但能够启迪人心，为精神提供养分，这也正是编写此书的主要用意。

此次编写的过程参考和借鉴了很多学者的论著与研究成果，在此表示深深的谢意。编写者本身能力与水平有限，对于先儒博大精深的哲学思想并不能完全把握，难免有所疏漏，望读者朋友们批评指正。

编著者

目录 Contents

第一章 立志由心，量力而行
Chapter one

第二章 小赢靠智，大赢靠德
Chapter two

第三章 身安不如心安，屋宽不如心宽
Chapter three

第四章 持纯粹心，做至诚人
Chapter four

第五章 畅达时不张狂，挫折时不消沉
Chapter five

第六章 苦是乐的源头，乐是苦的归结
Chapter six

第七章 把小事做细，把细事做透
Chapter seven

第十二章 嘴上带尺，脚下有路
Chapter twelve

第十三章 事上居下，到位不越位
Chapter thirteen

第一章

立志由心，量力而行

志不立，天下无可成之事

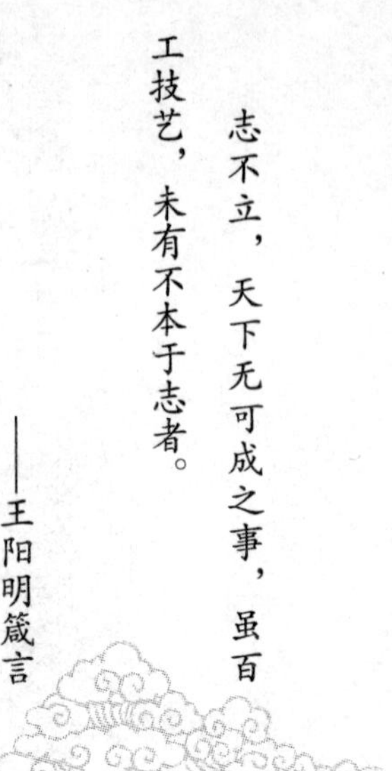

志不立，天下无可成之事，虽百工技艺，未有不本于志者。

——王阳明箴言

孟子说：“天将降大任于斯人也，必先苦其心志，劳其筋骨，饿其体肤，空乏其身，行拂乱其所为，所以动心忍性，增益其所不能。”自古以来，凡欲做大事者必先立志，志不坚则事必难成。

王阳明作为一代大儒，对立志与人生的关系，有着独到的见解，他说：一个人若是想做出一番事业，首先要立志，否则就只会一事无成。不仅如此，即便是各种工匠技艺，也都是要靠着坚定的意志才能学成的。

确实如此。人们常说，一个人的理想往往决定了他的高度。燕雀焉知鸿鹄之志，鸿鹄是要像大鹏那样展翅翱翔于九天之高，尽收天下于眼中的；而燕雀不知道去千万里之远有何用，自然对能够触及榆树和枋树就已经心满意足了。如翱翔于九天之大鹏一般，王阳明从小便胸怀大志，要读书做圣贤之人。

有一次，年仅十二岁的王阳明在书馆里问他的老师：“何为第一等事？”老师回答说：“唯读书登第耳。”王阳明竟持着怀疑的态度反驳道："登第恐未为第一等事。"老师反问他什么才是人生的头等大事。王阳明说："读书学圣贤耳。"

"读书做圣贤"这样大的志向正是出自少年王阳明之口，他认为登第当状元只是外在的成功，而读书做圣贤是追求内在的修养，才能够永垂不朽。大人看来，王阳明这样的口气未免有些张狂，甚至和他的年纪一比较，还带着点滑稽可笑的味道。但是这崇高的志向，对王阳明以后的生活产生了深远的影响，在思考和实践的过程中，他常常以这为标准来回答和解决生活当中出现的问题。

只要有了高远的志向，那么无论想成就什么事业都有了可能，所以立志是十分重要的。王阳明作为一位洞悉心灵奥秘、响彻古今中外的心学大师正是在自己志向的带动下才一步一步走向成功的。即便后来受到种种磨难，他也没有放弃。不只是王阳明，古往今来，每个有所成就的人物在努力奋斗的同时都为自己树下远大的志向，告诉自己要去哪里。

班超是我国西汉时期杰出的军事家和外交家，他从小胸怀大志，不拘小节，但是对父母非常孝顺。汉明帝永平五年（公元62年），班超因哥哥被聘为校书郎，而随同母亲一起来到洛阳。因为他写得一手好字，便受官府的雇用，抄写文书，以此谋生。为了将这份工作做好，班超每天天不亮就起床，晚上直到很晚才睡。

当时，北方的匈奴时常侵犯汉朝边境，班超特别愤慨；同时，他又看到西域各国与汉朝的交往已断绝了五十多年，心中非常忧虑。有一天，他正在抄写文件的时候，写着写着，觉得这份工作实在无聊，想到自己远大的志向，忍不住站起来，将笔狠狠地掷在地上说："大丈夫即便不能实现自己的理想，也应该像傅介子、张骞那样，为国家的外交作贡献，以取得封侯，怎么可以在这种抄抄写写的小事中浪费生命呢！"周围的人听了这话都笑

他，班超回应说："凡夫俗子怎能理解志士仁人的襟怀呢？"于是，他决定"投笔从戎"，去干一番大事业。

后来，他当上一名军官，在对匈奴的战争中取得胜利。接着，朝廷采取他的建议，派他带着数十人出使西域，重新打通了丝绸之路。他也由此成为我国历史上杰出的外交家，名垂青史，万古流芳。

班超投笔从戎，建立了千秋功业，正在于他没有满足于抄抄写写，安稳度日。他把自己的境界和志向提升到一定的高度，才能有名垂青史的成就。可见，人生的志向对一个人是何等重要。

"大丈夫四海为家"、"好男儿志在四方"，都说明了人们对于志向的一种追求。不要隅居于自己的狭小天地之中，做一只井底的青蛙，而应该走出去，看看外面的大千世界，去关注天下苍生，站在一个更高的立场去看待世间的万物，以一种更广阔的胸怀去面对自己的人生。只要在相信"天生我材必有用"的同时，努力使自己成为有用之才，那么远大的四方之志终会有实现的一天。

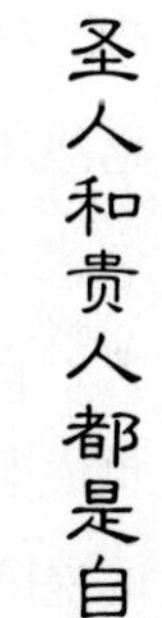

圣人和贵人都是自己

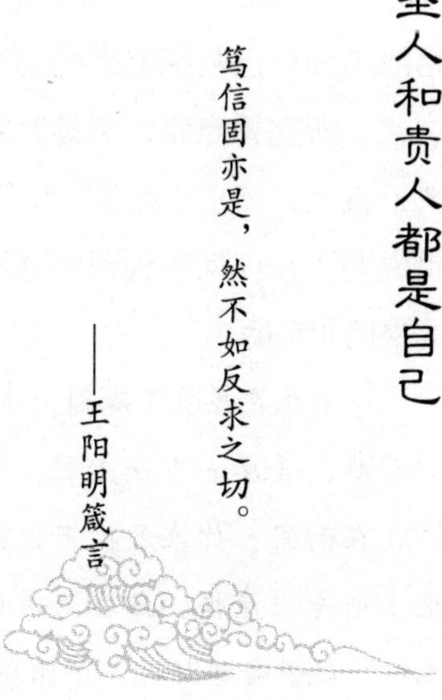

笃信固亦是，然不如反求之切。

——王阳明箴言

王阳明十八岁之时，于江西成亲后同夫人回老家途中拜访了娄谅先生。娄先生十分欣赏王阳明，并且告诫他：必须通过学习才能达到圣人的境界。这句话王阳明深深记在了心底。它不仅坚定了王阳明成圣的志向，还让他得出了一条成圣的标准：只有通过自身不断地努力，读书和实践，最终达到一定的程度和境界，才会实现成圣的愿望。

自古以来，圣人指点迷津、贵人相助成功的典故比比皆是，备受推崇。每个人都期望如王阳明遇到娄谅先生的点拨一样，在迷茫时能够得到圣人的指点，在困境中能够得到贵人相助。然而圣人的指点往往并不明朗，仍需要自己去琢磨推敲；贵人的帮助更不是无条件的，或是看中你的才华横溢，或是看中你的八面玲珑，即便是看中你天生的敦厚正直，也需要靠自己的努力去积累、去创造。

“必须通过学习才能达到圣人的境界”。实际上，真正的圣人和贵人，并不是伟人、神佛抑或他人，而是个人自己。在做学

问方面，王阳明认为，虽然做学问也需要老师的指点教化，但始终不如自己去探究来得彻底。为人处世方面，只有自己肯上进，不断完善自我，关键时刻充分发挥自己的能力，才有可能青云直上，闯出一片蓝天。历史上诸多求人不如求己的故事，也说明了在任何时候都必须看重自己的能力，而不是依赖他人的提携和帮助。

一书生在屋檐下躲雨，看见观世音菩萨撑着伞走过，便说："菩萨，普度一下众生吧，带我一程如何？"观世音菩萨说："我在雨里，你在屋檐下，而檐下无雨，你无需我度啊。"书生立刻走出屋檐，站在雨中说："现在我也在雨中，该度我了吧？"观世音菩萨说："你在雨中，我也在雨中，我不被淋雨，是因为我有伞，你被雨淋是因为你没有伞。所以不是我度你，是伞度你。你要想得度，请找伞去！"说完就走了。

第二天，书生又遇到了难事，便去庙里求菩萨。走进庙里，发现观世音菩萨像前也有一个人在跪拜，那个人长得和观世音菩萨一模一样，丝毫不差。书生很惊讶，问他："你真是观世音菩萨吗？"那个人说："我就是。"书生又问："那你为什么还自己拜自己呢？"观世音菩萨笑道："我也遇到了难事，但我知道，求人不如求己啊！"

学佛之人，更多的是自我修行。禅者大都有放眼天下，舍我其谁的气概，力求"自修自悟"、"自食其力"。王阳明曾在回答学生提问时说道："子夏笃信圣人，曾子反求诸己。笃信固亦是，然不如反求之切。今既不得于心，安可狃于旧闻，不求是当？"他认为，相信圣人固然没错，但不如自己反省探究来得真切。如果自己心里都没有搞清楚，又怎么可以因循守旧，而不去自己探究正确的答案呢？学佛之人如此，做学问如此，世人同样如此。

无论是神佛还是圣人，都是人们精神上的寄托和强大的动力，但失去了他们，人生并不会由此走向暗淡；贵人相助固然能够令人一夜成名甚至功成名就，但没有他们的帮助，有志者同样能够凭借自己的力量获得成功。圣人和贵人指出的捷径并不意味着一片坦途，有时可能会扼杀个人的潜能和创造性思维。真正能够帮助自己的，还是自己。此所谓“天助自助者”。

道理虽然浅显，但往往只有少数人才能彻悟。孔子便是少数深谙此理的人之一。在面对士大夫的刁难时，他能够轻松地以此向对方还以颜色。

卫国的王孙贾曾问孔子：“与其向比较尊贵的祭祀场所‘奥’祈祷保佑，不如向并不尊贵但作为五祀之一的‘灶神’祈祷保佑，这是什么意思？”

孔子曰：“此言差矣。如果犯了滔天大罪，向什么神祈祷也没用了。”

王孙贾想要告诉孔子，他与其跟各国诸侯往来，不如来拜访他们这些士大夫，祈求他们在君王面前替他说几句好话！孔子却认为，一个人若真的做了坏事，那他怎样祷告都没有用，任何菩萨都不能保佑他。言下之意就是他不需要那些王孙贵胄帮腔求情，因为自己没有做错事，君子坦荡荡，无愧于心。

现代社会，个人的发展受诸多因素的影响，社交网络、家庭背景在求职创业的过程中发挥了重要作用，几乎成为官场、职场的潜规则。“求人不如求己”的古训则略显乏力。即便如此，也应如王阳明所言：“笃信固亦是，然不如反求之切。”个人的成功应从完善自身入手，不断地主动创造条件使自己在他人心目中留下深刻印象，而不是寄希望于他人偶然间对自己的青睐。即便是上天的眷顾，也只会降临在有准备的人身上。

心之所想，力之所及

只念念存天理，即是立志。能不忘乎此，久则自然心中凝聚，犹道家所谓『结圣胎』也。此天理之念常存，驯至于美大圣神，亦只从此一念存养扩充去耳。

——王阳明箴言

王阳明作为宋明道学中“心学”一派的代表人物，强调个人的主体意识和自主精神。他认为，只要心中念念不忘存天理，就是立志。能不忘记这一点，久而久之心自然会凝聚在天理上，就像道家所说的“把凡胎修炼成圣胎”。如此将天理时刻铭记于心，逐渐达到宏大神圣的境界，正是从心中最初的意念不断坚持并发展下去的。

“心之所想”虽然只是停留在脑海中的意识，看似虚无缥缈，却有着不可小觑的力量。王阳明所言的“念念存天理”，就是用我们的意念影响我们的思维。当心存念想时，才能做到心无旁骛、专心致志；倘若心无所思，则难以排除杂念，陷入胡思乱想之中。

“心之所想”的力量远不止于此。在奋力追求成功的人生道路上，“想”成功是必不可少的前提条件。缺少这份“心之所想”的动力，抑或受外界干扰而无法将之坚持到底，则难以发挥潜在的能力，难以超越自我，挑战极限。

明朝后期是中国古代科学技术史上最灿烂辉煌的一段时间。此时出现了一位伟大的地理学家、探险家——徐霞客。

徐霞客自幼聪明好学，喜欢读历史、地理、游记之类的书籍，立志成人之后遍游国家的大好山川。

但是父亲去世后，老母无人照顾，徐霞客的游览计划被打断，终日闷闷不乐。母亲看出了他的心思，对他说：“男儿志在四方，哪能为我留在家里。”母亲的支持，坚定了徐霞客远游的决心。

徐霞客有了勇气和力量，便辞别母亲游历他乡了。他先后游历了太湖、洞庭湖、天台山、雁荡山、泰山、武夷山和北方的五台山、恒山等名胜，并且记录下了各地的奇风异俗和游历中的惊险情景。

几年后，徐母去世，徐霞客把他的全部精力都放在游历考察事业上。他跋山涉水，到过许多人迹罕至的地方，攀登悬崖峭壁，考察奇峰异洞。

在湖南茶陵，徐霞客听说这里有个深不可测的麻叶洞，便决心去探访。可当地人说洞里有神龙和妖精，没有法术的人不能进去。刚走到洞口，向导得知徐霞客不会法术，就吓得跑了出去。徐霞客毫不动摇，独自手持火把进洞探险。当他游完岩洞出来的时候，等候在洞外的当地群众纷纷向他鞠躬跪拜，把他看成是有大法术的神人。

徐霞客白天进行实地考察，晚上就借着篝火记录当天的见闻。三十多年里，他走遍祖国南北，对曾走过的地方之地理、地质、地貌、水文、气候、植物作了深入细致的调查研究，并用日记体裁进行了详细、科学的记录。就是在这种环境中，他写下了闻名世界的《徐霞客游记》。

很多人虽然都心有所想，却很少有人为了愿望而坚持不懈地努力下去，也很少有人为了一个目标而坚定地执行下去。因为

总是会有来自外界各种各样的干扰。我们每个人都向往成功，但是心有所想的同时需要排除外界的干扰，需要在心里不断地提醒自己，不断地想着朝目标前进。虽然当我们想着“下次考试提高二十分”、“一个月减肥十公斤”、“毕业后就要买房”的时候，自己都不太相信，因为身边已经有无数人这么想，却同样有无数人无法实现。倘若就这样气馁了，放弃了，那我们距离成功将越来越遥远。相反，要相信自己的心之所想，清楚地告诉自己想要的是什么，并为之而努力奋斗。只有时刻保持这种“想要”的念头，才能彻底抛开所有阻挠它实现的因素。最后我们会发现，所有的“我想”，都变成了“我要”、“我一定”。想都不敢想的事情，未必就是我们无法做到的事情。大胆地坚持心之所想，方知自己的潜力有多大。

正如放风筝。风筝能飞多远，关键在于手中的线有多长。如果线断了，再好的风筝也飞不起来。我们想要成功的心，就是牵着风筝的线，不要让线在风筝飞上云端之前断掉，更不要在“心想事成”之前放弃最初的念想。成功不仅需要奋力拼搏，更需要一份坚持不懈的动力支持。坚持心之所想，最终将成为力之所及。

志当存高远，路从脚下行

譬之树木，这诚孝之心便是根，许多条件便是枝叶。须先有根，然后有枝叶。不是先寻了枝叶，然后去种根。

——王阳明箴言

王阳明和同辈人不一样，他从小立志要做圣人，也就是去探究宇宙人生的奥秘。为此，他习读百家书，曾遵从朱熹的“格物致知”去格万物，最后从陆九渊那里找到了圣人之道，还领悟出了“知行合一”的道理。

他的哲学，最后不仅可以用于政治——扳倒严嵩的徐阶就是受其影响；也可以用于军事，他自己就亲身平定了多次叛乱。一介文人，作战百无一失，在中国历史上是绝无仅有的，而他所做的，只是一直在修炼自己。但是火候到了，就如同鱼跃龙门，化身为龙，自由地游走在天地之间，无往而不利。

志向对于人来说，其实是未来行为举止的驱动力，没有志向的人如同旋转的陀螺，不知道停下的位置在哪里。正如先贤孔子所说的一般：“志于道，据于德，依于仁，游于艺。”意思是说，将天地道义的实现作为自己终生奋斗的目标，然后用道德的标尺来约束自己，以仁义作为自己处世的原则，同时还要学习六艺来丰富生活的内容。道德之性、仁爱之心、六艺之才，是实现

人生目标必不可少的条件。而其中最重要的前提便是树立高远的志向，以志向来引导前进的方向，才不至于在前行的道路上迷失自我，误入歧途。

秦朝丞相李斯年少时跟随荀子念书。由于家境贫寒，经常食不果腹。一日，李斯在厕所里看到粪坑中的老鼠，又小又瘦，一见到人就惊慌逃窜。过了几日，李斯去米仓盛米，看到一只在米仓中偷米吃的老鼠。这只老鼠又肥又大，见着李斯不但不逃跑，反而瞪着眼很神气地看着他。李斯觉得很奇怪：为什么厕所中的老鼠见着我就拼命地逃跑，而这只老鼠见着我不但不逃跑，反而还敢瞪我呢？

李斯陷入沉思，反复琢磨两只老鼠间的差异，终于悟出了一个道理：又小又瘦、见人就逃的老鼠，是没本事没靠山、被欺负惯了的老鼠；而又肥又大、见人不避的米仓老鼠，认为自己很有本事，很有靠山，所以敢见人不避，目空一切。李斯突然觉得，现在的自己就像厕所里的那只小老鼠，非常可怜。于是，李斯暗暗发誓：做人也要如此，要做就做米仓中的大老鼠，绝不做那可怜的粪坑老鼠，不但吃不饱，还备受欺负！

悟出这个道理之后，李斯便告诉荀子自己不读书了。荀子问他不读书要去做什么，李斯说要去游说诸侯，求得功名富贵。就这样，李斯半途荒废了学业，开始追求富贵功名。后来，李斯得到秦始皇的信任，当上了秦朝丞相。他在为人处世中处处奉行“老鼠哲学”——仰仗秦始皇的信任和自己的地位，打击陷害异己忠良，贪赃枉法，肆无忌惮。秦始皇死后，李斯便落了个遭人诬陷、满门抄斩的悲惨结局。

米仓中的老鼠激励着李斯立下了人生的大志，但是“老鼠哲学”却又让李斯一败涂地。“据于德，依于仁，游于艺”固然重要，但人生全部的努力及其方向，更多地源于我们确立的志向。志在顶峰的人不会永远龙游浅水，甘心做奴隶的人永远难成大器。只有志存高远，才能走出一条笔直的人生道路。王阳明亦有言："譬之树木，这诚孝之心便是根，许多条件便是枝叶。须先有根，然后有枝叶。不是先寻了枝叶，然后去种根。"确立志向之时，倘若其心不正，则容易失之偏颇，惨淡收场；其志不高，则容易碌碌无为，一事无成。

然而，高远的志向只是心之所向的念想，如何将之付诸实践呢？对于这个问题，不同的人会作出不同的选择。而最典型的莫过于"依于仁"，"游于艺"，抑或徘徊于二者之间。

苏轼与佛印出游，看到一个木匠在做墨盒，于是即兴对诗。佛印曰："吾有两间房，一间凭与转轮王，有时放出一线路，天下邪魔不敢当。"苏轼淡然一笑，对曰："吾有一张琴，五条丝弦藏在腹，有时将来马上弹，尽出天下无声曲。"

同样一根线，苏轼与佛印看出了不同的人生哲理。佛印说的是眼前所见的墨盒里的线，用的时候要拉出来，非常直，就像为人处世所坚持的原则和底线，天下邪魔看到他的正直都不敢靠近。他强调了一个端直的人品和操守对实现人生目标的重要性。再看苏轼所言：我也有丝弦，不过不像墨盒的线那样要拉出来，而是藏在我心中。苏轼用弹奏只有自己能够明白的天籁之音来比喻他的人生——追求自由自在的欢愉。

上述二人不同的人生态度分别代表了中国人格理想上的两个支点："仁"是嘈杂世界中生命自我选择与坚持的力量；而"艺"是令我们心神荡漾，触目生春的欢愉。这两点之于生活，就如阳光雨露之于草木，缺一不可。然而最为重要的，还在于"志于道"。王阳明高度强调道德的自我完成，在他看来，凡墙都可以是门，只有树立远大的抱负，循着高尚而伟大的理想之路从心头做起，才不至于鼠目寸光，荒废一生。

不搞偶像崇拜，只是做好自己

圣人与天地民物同体，儒、佛、老、庄皆我之用，是之谓大道。

——王阳明箴言

偶像崇拜自古有之，偶像的含义因时代的变迁而有所不同。就中国传统的儒学思想而言，更多的是比喻人心目中具有某种神秘力量的象征物。这种象征物，既可以是塑造成形的佛像，也可以是活生生的人物。就其本质而言，偶像具有供人仿效、提供精神力量的积极作用。然而，它也可能导致崇拜者自主意识的迷失。

我们崇拜偶像是为了给自己树立一个榜样，从而完善自我。在自我完善的过程中，来自外界的考验越严苛，我们进步的空间就越大。只有经受住严峻的考验，才能在千般折磨、万般痛苦之后“立地成佛”。被视为偶像之人，他们以自身的成就为世人树立了榜样，并非要压倒众人而独占鳌头，更希望的是后继之人大胆超越，有所创新。若在偶像崇拜的过程中迷失了自我，盲目模仿他人，将永远活在偶像的阴影中不得解脱。这样的人只剩躯壳，而埋没了一颗自由跳动的心。尤其是那些已逝的偶像，生前的丰功伟绩载于青史，更容易令人陷入其阴影之中而无法自拔。

王阳明所言“圣人与天地民物同体，儒、佛、老、庄皆我之用，是之谓大道”，指出圣人与天地万物、芸芸众生并没有本质上的区别，只要是适合自己的，都可以为我所用。因此，对于心中崇拜的偶像，我们可以借鉴其思想，而不应迷信其僵硬的躯体。盲目的偶像崇拜是成功路上的绊脚石，而有所选择、取其精华的偶像崇拜，才能铺平成功的人生之路，激发出于后世有益的人生智慧。这一点，几百年前的丹霞禅师就已参透。

一个寒冷的冬天，丹霞禅师四处云游，来到洛阳。一日，天空突然下起鹅毛大雪，丹霞禅师便走进附近的惠林寺避寒。天气实在太冷，丹霞禅师看到佛殿上供着很多木佛像，佛像前还供着香火。于是他毫不犹豫地拿起一个木佛像，将其点燃，生火取暖。

正在这时候，寺庙里的住持回来了。看到丹霞禅师在烧佛像，主持又惊又怒，立即大声斥责道：“你这个和尚，疯了吗？竟然敢烧佛像！”

丹霞禅师用木杖拨了拨灰烬，慢条斯理地说道：“我想烧了这木佛像之后，取它的舍利子。”

住持余怒未消：“果真是个疯和尚，木佛像怎么会有舍利子？”

丹霞禅师淡淡一笑，平静地说：“你也知道木佛像没有舍利子，那就让我再拿几个木佛像来烧吧！我实在太冷了！”

丹霞禅师对佛祖的尊敬不亚于寺庙的住持，却不因佛经的智慧而畏惧眼前的木佛像，敢于在寒冷的冬天用其生火取暖，适时地物尽其用，正是超越偶像的表现。

诚然，每个人的心中都或多或少地存在着几位令自己无比佩服、无比崇拜的偶像。在树立人生志向的时候，多以偶像为目标，为人处世也以偶像的作风为参照。这就容易忽略真正适合自己的人生方向，忘记了偶像所具备的不一定都适合自己，强行模

仿只会适得其反。王阳明“格竹子”失败的事件就给我们一个很好的启示，他崇拜朱熹，认真钻研朱子学说的同时，还仿照朱熹提出的格物致知理论 “格竹”，没有悟出万物的道理，反而落得一身病痛。这次体验，让王阳明对朱子学说产生了怀疑，为他走上自己的学术探索之路打下了基础。

王阳明讲“立志贵专一”，前提便是“于始生时删其繁枝”，“于始学时去夫外好”。因此，对于偶像，我们要取其精华、去其糟粕地欣赏、借鉴，以其作为我们学习的榜样，激发前进的斗志，实现智慧的解脱。绝不能过分地崇拜偶像，使自己的思想、行动以及丰富的创造力受到束缚，最终成为偶像的奴隶。

第二章

小赢靠智，大赢靠德

土地不如德行，财物不如仁义

良知只是个是非之心，是非只是个好恶，只好恶就尽了是非，只是非就尽了万事万变。

——王阳明箴言

修身、齐家、治国、平天下，此乃儒家文化中传统的道德理想。儒家思想将“修身”放在人生事业的第一位，而“欲修其身者，先正其心”。可见对于我们中国人而言，人品修养有多么重要。尤其是对于立志创出一番事业的年轻人而言，无论是奋斗的过程还是成功之后，良好的道德修养都是不可或缺的。

王阳明的“心”学思想尤其注重个人自身的道德修养，将之与天理相统一。他认为，“良知”作为人内心的是非准则，具有知善去恶的能力，人们能够凭借它去辨明是非善恶。即是说，一个人发自内心的道德修养，会影响他的言语、行为以及为人处世的原则。小则影响他在利益与仁义之间的取舍，大则影响他在人生的道路上是荆棘满布还是一片坦途。

段干木是战国时晋国人，赵、魏、韩三卿三家分晋后居于魏。他小时候家里贫穷，社会地位低下，因而他的志向难以实现。他游学西河，师事孔子弟子卜商(子夏)，成为很有学问的人。他住在魏国的城邑段木，所以人们称他为段干木。他很有才能，但不愿做官。魏国国君魏文侯曾经登门去拜访他，想授给他官爵，他却避而不见，越墙逃走了。从此，魏文侯更加敬重他。每当乘车路过他家门时，就下车扶着车前的横木走过去，以表示对段干木的尊敬。

他的车夫感到纳闷："段干木不过一介草民，您经过他的草房表示敬意，不是太过分吗？"魏文侯答道："段干木是一位贤者，他在权势面前不改变自己的节操，有君子之道。他虽隐居于贫穷的里巷，而名声却远扬千里之外，我经过他的住所怎敢不对他表示敬意呢？他因有德行而取得荣誉，我因占领土地而取得荣誉；他有仁义，我有财物。土地不如德行，财物不如仁义。这正是我应该学习、尊敬的人啊！"

后来，魏文侯见到了段干木，诚恳地邀请他任国相，段干木谢绝了。他与段干木倾心交谈，两人成为莫逆之交。没过多久，秦国想兴兵攻打魏国，司马唐雎向秦国国君进谏道："段干木是贤人，魏国礼遇他，天下没有不知道的。像这样的国家，恐怕不是能用军队征服的吧！"秦国国君觉得有道理，于是按兵不动。

在《上古先秦歌谣》中，有一首歌谣，其中写道："吾君好正，段干木之敬。吾君好忠，段干木之隆。"段干木终身不仕，然而他又不是真正与世隔绝的山林隐逸一流，而是隐于市井穷巷，隐于社会底层的平民百姓中。进而"厌世乱而甘恬退"，不屑与那些乘战乱而俯首奔走于豪门的游士和食客为伍，使倾覆之谋，"浊乱天下"。

与此相反，那些见利忘义者，必遭人唾弃。历史上不乏道德败坏之人登上高位、不可一世的例子，当代仍存在不少人经受不住荣华富贵的引诱而贪污腐败、以权谋私的残酷现实。在金钱与权力面前，人们会质疑，良好的道德品质还有何用？然而，真实的历史给了我们最好的印证，没有良好的道德品质，再位高权重、大富大贵之人，也会不得善终、惨淡收场。

秦朝宰相赵高，为官期间横征暴敛，滥杀无辜，却官居高位，一人之下，万人之上；三国董卓个性粗爆，奸诈无比，却自封相国，专断朝政，凶暴淫乱，无法无天；唐朝的李林甫，为人奸诈阴险，手段卑鄙，世称“口有蜜，腹有剑”，受贿无度，生活奢华，却官至宰相；奸相秦桧，其人残忍阴险，陷害忠良，卖国投降，却能为相十九年。然而，赵高后来为子婴所杀；董卓为王允等人所杀；李林甫的腐败最终引发了“安史之乱”，留下千古骂名；秦桧死后被筑“跪相”，永世不得翻身。官居高位固然令人称羡，但他们的下场，向世人清楚地昭示了罔顾道德、埋没良心而得来的荣华富贵，是以令人唾弃、遗臭万年为代价的。

在追逐成功的人生道路上，获得一定的社会地位是成功的一个重要方面。然而，地位有两层涵义。一是外在的权位高低，一是在众人心目中的位置。有远见之人看重“赢得身前身后名”，鼠目寸光之人只见眼前的风光而听不到背后的骂名。上述道德败坏之人，无不因其外在的权位而一时风光，却背负着世人的唾骂而不自知。王阳明忠君爱国，体恤百姓，鞠躬尽瘁，死而后已，因此流芳百世；而与王阳明同时代的刘瑾，狡诈得权，肆意贪污，其社会地位差之千里。

由此可知，立志成功之人，无论最后上到何等高位，都不能忘德行这个“本”。只有时刻保持良好的品德，以此为准约束自己的行为，才能在有限的能力范围之内创造出无限的人生价值，才能以良好的口碑传世，成为人生道路上真正的大赢家。

以德为先，德才兼备

世之君子，惟务致其良知，则自能公是非，同好恶，视人犹己，视国犹家，而以天地万物为一体，求天下无治不可得矣。

——王阳明箴言

高尚的品德与出众的才能，是获得成功的两个必备条件。儒家圣贤们十分看重人的品德，认为品德比才能更重要。孔子在《论语·述而》中说道："如有周公之才之美，使骄且吝，其余不足观也。"孔子认为，即使有周公那样的才能和那样美好的资质，只要骄傲吝啬，他其余的一切也都不值一提了。如果一个人才高八斗而品德不好，那么圣人连看也不会看他一眼。只有德才兼备，以德育才，才是真正的人才。当德与才不可兼得时，当舍才而取德，正如孟子"舍生而取义者也"。

对此，近代学者胡适先生曾解释说："孔子的人生哲学注重养成高尚的道德，教育学生以培养自身的道德修养为基础。"在孔子看来，有高尚道德的人是有仁爱之心的人，也是能博济众施之人，是能为他人着想的人。所以孔子说"骥不称其力，称其德也"。也就是说，对于千里马，不称赞它的力气，要称赞它的品质。尚德不尚力，重视品质超过重视才能，这是儒家的人才思想，也逐渐成为当今社会选拔人才的重要标尺。

王阳明有关“致良知”的观点，就能够看出他的教育目标。如他所言，“世之君子，惟务致其良知，则自能公是非，同好恶，视人犹己，视国犹家，而以天地万物为一体，求天下无冶不可得矣。”心学推崇“心即理”的思想，“致良知”在这一基础上是可能的，也是必要的。王阳明认为，世上的君子，只有专心于修养自身品德，那么自然能够公正地辨别是非好恶，像对待自己那样对待他人，将国事等同家事一样关心，把天地万物看作一个整体，从而求得天下的大治。因此，“致良知”不仅是为学之道，更是育人之道，重在育人之德，“道德”或“良知”等精神品质蕴涵于经典之中，对人的自身修养有着与之相应的陶冶价值。

唐朝汝州有个叫夏子胜的人，十年寒窗苦读，一朝高中，被皇帝授予南县县令。这日夏子胜携一家仆赴任，来到县衙，大小县吏已在门口等候多时，见新县令到来，一个个急忙迎上去。夏县令问他们去年南县老百姓生活如何，粮食是否丰收，商贾是否安分行商，官粮是否收齐，赋税是否完成，然后叫来师爷将县吏们所说记录在册，逐一核对账簿。几天后，师爷对夏县令说，一切都如县吏所言，去年南县一切安好。听完汇报，夏子胜点点头。

在南阳县吏们的眼里，这个新来的县令与以往的县官老爷大有不同，除了处理输诉讼官司时会开口说话外，平时听不到他说一句话，不过话虽然很少，但是做的事情却极为合乎规范，往来公文，刑罚办差，无论是上司还是下面的老百姓，都称赞夏县令做事稳当，是个好官。

这些官吏们十分不解，这个不爱说话的老爷到底是怎么一个人。一天，有个胆大的县吏将这一疑问向夏子胜提了出来，夏子胜听后，呵呵一笑，说道：“圣人行道，心正而行端，做官做民都是一个道理，为官之道在于教民养民，为人之道贵在德行，明

白了这其中的道理，做起事情来就不会有失偏颇，如此，又何必说那么多的话呢？”

我们可以将这位南县县令的话理解为对“执事敬”的最好注解，事实上，一如这位县令说的那样，行圣人之道又何必多言，“行”首在“知”，这是心灵净化，涵养提升的必然结果，由此，对人忠信而不诡诈，与人交往而不奸猾，堂堂正正做人，端端正正做事，与此相对，再多的话都不过是水中倒影，没有实际意义。

在现实生活中，我们会遇到这样两种品质不好的人。一种是品质不好、能力也不强的人，这种人因其能力有限，对他人和社会造成的危害不会太大；另一种则是品质败坏但才思敏捷、能力出众的人，这种人更容易寻捷径上位，一旦得势，将会对反对他的人或社会集团造成巨大的危害，甚至达到一发不可收拾的毁灭程度，最终断送一个家庭、一个公司甚至一个国家的前途。不可否认，没有灵魂的头脑，没有德行的知识，没有仁善的聪明，固然是一种强大的力量，但它们只能起负面的破坏作用。也许偶尔会给人们一些启发，或者带来一些乐趣，但却很难赢得人们的尊敬与发自内心的赞叹。

反之，品德高尚的人，即便能力有所不及，也会虚心好学，不断提高自己，通过脚踏实地地努力奋斗来获得成功。当然，不能因此而走向另一个极端：忽略人的才能，一味强调道德修养。不懂得尊重知识、尊重人才的人，何谈培养自己的道德品质！历史的经验告诉我们，无论做人还是做事，都要以德为先，就好像王阳明告诉弟子的话：良知在人心，随你如何，也不能泯灭。德行是我们行走人生的前提，而才能是我们创造人生的手段。做到德才兼备，才能使我们的人生绚烂多姿！

君子如玉亦如铁

名与实对，务实之心重一分，则务名之心轻一分；全是务实之心，即全无务名之心。若务实之心如饥之求食、渴之求饮，安得更有功夫好名！

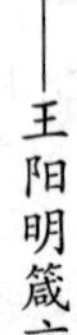

王阳明出生于官宦世家，自幼受到良好的教育，并以读圣贤书，修身齐家治国平天下为己任。为官期间屡立战功，政治声望不断升高，然而他的仕途却坎坷不断。

由于不满太监刘瑾把持朝政，任意妄为，许多正直的官员上书正德皇帝，要求严惩刘瑾及其党羽，结果被打入死囚。时任兵部主事的王阳明站出来为他们辩护，委婉地请求皇帝释放众人。刘瑾当即下令将王阳明谪迁至贵州龙场，做一个没有品级的驿丞。不仅如此，他还暗中派人尾随王阳明，准备将他在途中害死。

王阳明在钱塘江边遇到杀手，急中生智，趁夜色跳入江水，逃过一劫。虽然如此，但为了家人的安全，王阳明不得不前往贵州赴任。

刘瑾倒台后，王阳明被重新起用，但又因平定宁王朱宸濠叛乱而惹怒龙颜，不但没有得到皇帝的嘉奖，反而招来横祸。他的仕途再次陷入低谷。

一年之后，正德皇帝驾崩，嘉靖皇帝登基。王阳明被任命为南京兵部尚书，仅仅是一个闲职，无大事可为。愤怒之下，王阳明以回家养病为由请求辞官归故里。回到家乡后，艰苦的生活条件以及当地瘴疠之气弥漫，跟随王阳明的众多随从都病倒了。王阳明始终没有气馁，他亲自为随从们担水做饭，为他们吟唱诗歌，鼓励他们振作起来。自己则兴办书院，一边讲学，一边不断探究人生的真谛，努力不懈地完善和传播他的思想，最终成为一代“心学”宗师。

王阳明既能以德修心，注重自身道德修养，以开阔的胸襟包容万物；又能在坎坷的人生道路上铁骨铮铮，不畏权贵的迫害，毅然坚持自己的理想，不愧为如玉亦如铁的君子。

“谦谦如玉，铮铮若铁”，是孔孟儒家思想中对君子人格的最高评价。“谦谦君子，温润如玉”，以玉喻君子，取其圆润，不尖锐。佛家的“圆融”境界，要求戒嗔、戒痴、戒贪，无欲无求，尔后能不动声色、不滞于心。谦谦君子的圆润亦同此理。虽然成佛修仙遥不可及，但磨去棱角，收敛光华，养成谦谦如玉的君子人格却是可为之事。具有容人之量是谦谦君子的前提，开阔的胸怀、宽广的胸襟，是谦谦君子的基本品质。

“铮铮若铁”，突出君子人格中铁骨铮铮的特质，就像一树寒梅，挺立在风雪中，傲然绽放。拥有此等品质的人，敢于仗义执言，绝不妥协；不油滑，不世故，不屈不挠；有志气，有勇气，有胆有识。他们立世一尘不染，对人一片冰心，一箪食，一瓢饮，却敢于承担一切苦难。正如古诗所云：“冰雪林中着此身，不同桃李混芳尘。忽然一夜清香发，散作乾坤万里春。”

王阳明曾言：“名与实对，务实之心重一分，则务名之心轻一分；全是务实之心，即全无务名之心。若务实之心如饥之求食、渴之求饮，安得更有功夫好名！”圆润如玉方能名实并重，铮铮铁骨力保务实而不受沽名钓誉之心所扰。

“谦谦如玉”与“铮铮若铁”，从不同侧面展现了君子人格的两种特质。当今之世，纷繁复杂。倘若一如既往，只养谦谦如玉之性情，抑或只炼铮铮铁骨之傲气，恐怕都难成大事。要想在现实生活中成就一番事业，应当像王阳明那样，讲究方圆之道，既养铮铮铁骨的一身正气，处世有底线，为人讲原则；又取谦谦如玉的圆融为人，包容四方。如此，才能在熙熙攘攘的人世间游刃有余，成其大事。

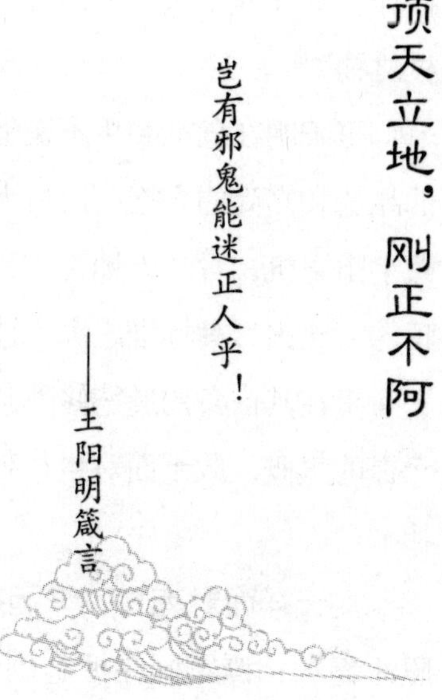

顶天立地，刚正不阿

岂有邪鬼能迷正人乎！

——王阳明箴言

正德皇帝朱厚照登基之后，整日与刘瑾等宦官混在一块，不理朝政。朝中忠臣不断规劝皇帝将精力放在处理国家大事上来，皇帝并没有理会。随着朝政的逐渐混乱，刘瑾等人越来越专横跋扈，朝中很多大臣联名上书，要求惩治刘瑾等人的恶行，以此稳定政局，维护大明江山。

联名上书并没有惩治到恶势力，刘瑾安稳住皇帝之后，利用手中大权抓捕了这些上书要求惩治他的大臣。当时很多正直的官员得知这个消息之后，纷纷上书为这些官员打抱不平。但是，这些上书反而激化了刘瑾的报复行动，更多上书的官员被革职、被抓捕、被杀害。朝廷上下，人心惶惶，乌烟瘴气，很多官员为了保命都选择了缄默。

当时的王阳明身任兵部主事一职，官位并不高。但是看到越来越多的官员被压倒，敢说话的人也变得胆怯，满朝文武都闭口不言了，这个时候王阳明挺身而出，为受冤官员说话。

刘瑾等人见一个小小的兵部主事竟敢这样明目张胆地同他

们作对，于是，将王阳明逮捕进锦衣卫的大牢，最后，处以廷杖之罚。

王阳明在危难关头不畏强权，坚持正义的行为表现了他崇高的品德和高尚的人格。自古大丈夫者，胸怀大志，腹有良谋，包藏宇宙之机，吞吐天地之志，创不世之基业，立不世之奇功。真正的大丈夫，其标准之高，让当今之人望而却步。然而，“大丈夫”贵在其自身的道德修养。堪称“大丈夫”之人，必有一身大无畏的气概，敢于面对生与死的考验，勇于做出一番惊天动地的壮举。

文天祥面对死亡，潇洒题下“人生自古谁无死，留取丹心照汗青”；谭嗣同在押赴刑场之前，壮烈地写下“我自横刀向天笑，去留肝胆两昆仑”；婉约词人李清照，曾在她的《夏日绝句》中流露出对项羽的大丈夫气概的钦佩之情：“至今思项羽，不肯过江东。”如此情怀，壮烈豪迈，气冲霄汉，令人敬佩不已。

堪称大丈夫之人，必有顶天立地、刚正不阿之品质。王阳明有言：“岂有邪鬼能迷正人乎！”刚正不阿之人，即便是邪恶鬼神也不能使其心智迷乱，如此才能直面残酷的现实，即使身心受创，仍能愤然而起，成就一番事业。

年轻时的司马迁为继承父亲遗志，计划写一部全面记述中国历史的“史书”。在他进行了长达二十年的知识积累，开始写作这部历史巨著的时候，李陵事件发生了。当时朝廷专管刑法的廷尉杜周，为了讨好当朝皇帝，竟给无辜的司马迁判了“腐刑”（即割去男人的生殖器官）。按照当时汉朝的法律，被判了刑的犯人是可以用钱来赎罪的，但是司马家世代为史官，根本拿不出赎金，因此他只能屈辱地受刑。

遭受如此酷刑，乃人生的奇耻大辱。司马迁经过了无数个日夜的痛苦煎熬，他终于豁然开朗——周文王被纣王关在羑里，

写出了《周易》；孔子一生困厄不得志，但他孜孜不倦地教育学生，并且写下了《春秋》；左丘明眼睛全盲，以巨大的毅力写成了《国语》；屈原遭人排挤诬陷，流放他乡，却写出了名著《离骚》；孙膑遭朋友庞涓陷害，被挖掉了两个膝盖骨还能忍辱负重，写出《孙膑兵法》。中国历史上的这些坚毅之人的事迹给了司马迁莫大的鼓舞，他决心抛弃个人的悲痛与屈辱，效法古人，完成自己的宏愿。

司马迁出狱后，汉武帝让他当了中书令。他以巨大的毅力忍受着朝廷上下投来的鄙视与嘲讽的目光，经过了数年坚韧不拔的艰苦努力，终于完成了空前的历史巨著《史记》。本来已经没有勇气再活下去了，但是，理想还没有实现，难道一切都撒手不管了吗？他不甘心！

司马迁虽遭逢奇耻大辱，但他并不因此而屈服，并未放弃自己用一生的精力搜集来的材料，以及成“一家之言”的理想。如此坚毅顽强，绝非由个人的才能高低所决定的，而是来自于“大丈夫”的道德品质的力量。黄宗羲的《宋元学案》说道：“大丈夫行事，论是非，不论利害；论顺逆，不论成败；论万世，不论一生。”大丈夫之所以能“论是非、论顺逆、论万世”，是因为在其心中万事以“仁义”为先，以道德为本。

正所谓，“玉可碎，而不可改其坚；兰可移，而不可减其馨”！只有具备“玉碎而志不改”的坚毅品质，才能成为顶天立地的大丈夫，才能经受住风霜雨雪的磨炼而成就人生大业。

文质彬彬，表里如一

人若不知于此独知之地用力，只在人所共知处用功，便是作伪，便是『见君子而后厌然』。此独知处便是诚的萌芽。此处不论善念恶念，更无虚假，一是百是，一错百错。

——王阳明箴言

文质彬彬，表里如一，是儒家思想所提倡的为人处世的理想境界。但人们往往在文或质上有所偏颇，真正能做到表里一致的并不多。王阳明关于“表里如一”有这样的见解：人们如果不知道在独知的地方用功，只在人人都知道的地方用功，这就是做假，就是“见到君子后掩饰自己的罪行”。这里独知的地方就是诚意萌芽的地方。不论善念恶念，没有一点虚假，一荣俱荣，一损俱损。

狂妄自大这种言行举止虽然不合乎儒家提倡的文质彬彬之说，但却是真性情的流露，用王阳明的话说虽然他们的行为并不完全从仁心出发，表现的却没有一点虚假，是发自内心的纯粹的性情。

王国维在《人间词话》中也说道：“‘昔为倡家女，今为荡子妇。荡子行不归，空床难独守。’‘何不策高足，立登要路津？无为守贫贱，轗轲常苦辛。’可谓淫鄙之尤。然无视为淫词、鄙词者，以其真也。”在王国维看来，这两首五言诗虽然言

语粗鄙低俗，但能够大胆地抒发诗人的真感情、真愿望，其情之真切，才是最值得欣赏之处。

由此可见，文质彬彬、表里如一讲求的是发自内心的诚意与真情，而与之相对的，则是孔子所说的"乡原"："乡原，德之贼也。"孟子也曾说："阉然媚于世也者，是乡原也。"乡原其实就是道貌岸然的伪君子。内在的道德败坏，表面上却严肃正经，满口仁义礼智信。《儒林外史》中的人物范进，就是一个典型的虚伪之徒。

两人（张静斋及范进）进来，先是静斋谒过，范进上来叙师生之礼。汤知县再三谦让，奉坐吃茶。同静斋叙了些阔别的话；又把范进的文章称赞了一番，问道："因何不去会试？"

范进方才说道，"先母见背，遵制丁忧。"

汤知县大惊，忙叫换去了吉服。拱进后堂，摆上酒来。

知县安了席坐下，用的都是银镶杯箸。范进退前缩后地不举杯箸，知县不解其故。静斋笑道，"世先生因遵制，想是不用这个杯箸。"

知县忙叫换去。换了一个瓷杯，一双象牙箸来，范进又不肯举动。静斋道，"这个箸也不用。"随即换了一双白颜色竹子的来，方才罢了。知县疑惑："他居丧如此尽礼，倘或不用荤酒，却是不曾备办。"落后看见他在燕窝碗里拣了一个大虾圆子送在嘴里，方才放心。（《儒林外史》第四回）

范进在知县面前表现出一副至情至孝的模样，不用银镶杯箸而用竹筷，结果却因为燕窝碗里的一个大虾圆子而露出了本来面目，伪君子的形象跃然纸上。

对于道貌岸然之徒，稍有良知道德之人都会嗤之以鼻，智者贤士更是以之为耻。孔子曾言："巧言令色足恭，左丘明耻之，丘亦耻之。匿怨而友其人，左丘明耻之，丘亦耻之。"可见他对于"巧言令色足恭"之徒深恶痛绝。鲁迅先生亦在《魏晋风度与

文章与药及酒之关系》中抒发了其对道貌岸然之徒的厌恶之情：

“魏晋时代，崇尚礼教的看来似乎很不错，而实在是毁坏礼教，不信礼教的。表面上毁坏礼教者，实则倒是承认礼教，太相信礼教。因为魏晋时代所谓崇尚礼教，是用以自利，那崇奉也不过偶然崇奉，如曹操杀孔融，司马懿杀嵇康，都是因为他们和不孝有关，但实在曹操司马懿何尝是著名的孝子，不过将这个名义，加罪于反对自己的人罢了。于是老实人以为如此利用，亵渎了礼教，不平之极，无计可施，激而变成不谈礼教，不信礼教，甚至于反对礼教。但其实不过是态度，至于他们的本心，恐怕倒是相信礼教，当作宝贝，比曹操司马懿们要迂执得多。”

在鲁迅看来，曹操、司马懿便是孔子所说的“乡原”，看似在维护伦理道德，其实在他们心中并无这些道理存在，只不过是玩弄于股掌的政治手段罢了。真正在乎伦理道德之人，当遵循内心的良知行事。正如王阳明所言，他被毁谤的原因是因为他按照良知行事，是非分明，伪君子的那套同流合污的谄媚功夫他坚决不去做，在别人看来这是一种狂妄自大的表现，所以别人要毁谤他。他也曾想过，能不能在那样的形势之下，内心有一点“乡原”的意思？答案是肯定不行的，因为那样就违反了良知，非君子所为。

儒家诸圣贤的教训无疑给了我们很大的省示作用。做人不论方圆，都应力求文质彬彬，表里如一，切不可学乡原之所为。道貌岸然而内心腐败者，只会令人深恶痛绝，即便有所往来，也难以深交，难成大业。

养一身浩然正气

是集义所生者，非义袭而取之也。

——王阳明箴言

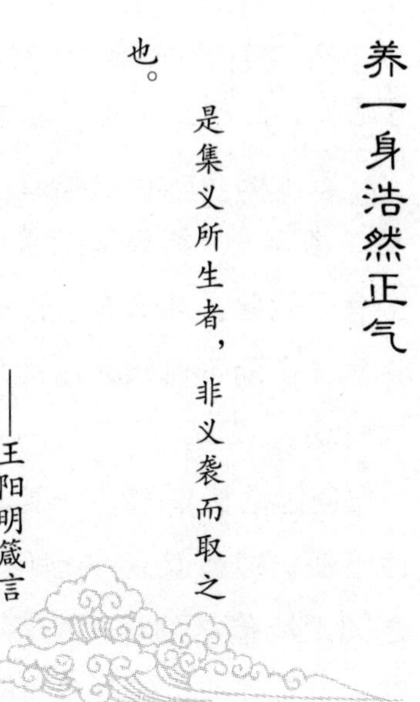

王阳明奉旨前往广西平乱，到了之后了解到当地少数民族起义的原因。汉族官兵与少数民族之间的矛盾挑起了战争，王阳明认为如果以武力进行压迫，可能会使双方的矛盾越积越深，这样冤冤相报何时才能了？于是，王阳明开始寻找机会，想要缓解双方的矛盾。

这个时候，王阳明获知反抗首领哈吉的母亲卧病在床。王阳明赶紧派跟随自己的医生去给哈吉的母亲看病。不出几日，在医生的治疗下，哈吉的母亲能够下床走路了。但是出于双方是敌对关系，哈吉并没有过多的表示。之后，哈吉从医生的口中听说了王阳明的为人，而且得知用来医治母亲病的药都是王阳明自己本人所必需的。王阳明在哈吉心中的印象大为好转。

随后，王阳明写了一封信给哈吉。实事求是而又诚恳谦虚地劝哈吉要从大局出发，和睦相处为妙。哈吉早已被王阳明高尚的人格所折服，这封信正好说到了他的心坎里。就这样，王阳明未

用一兵一足，只是晓之以理，动之以情，便让哈吉率领大军撤出了边界。

孟子说养气修心之道，虽爱好其事，但一曝十寒，不能专一修养，只能算是知道有此一善而已；必须在自己的身心上有了效验，才算有了证验的信息；进而由“充实之谓美”直到“圣而不可知之谓神”，才算是“吾善养吾浩然之气”的成功。

何为浩然正气？一谓至大至刚的昂扬正气，二谓以天下为己任、担当道义、无所畏惧的勇气，三谓君子挺立于天地之间无所偏私的光明磊落之气。浩然正气便是由这昂扬正气、大无畏的勇气以及光明磊落之气所构成。有些人表面上很魁伟，但与之相处久了就觉得他猥琐不堪；有些人毫不起眼，默默无闻，却能让人在他的平淡中领略到山高海深的浩然正气。正是因为后者具有正直如山的品质，才能让人感受到他的一身正气。

古今之成大事者，心中都有大气象。正是“笑览风云动，睥睨大国轻”，“俯仰天地之气概”，“力拔山兮气盖世”，乃浩然正气也。

秦末的项羽为楚国下相人。年轻时与刘邦上山伐木，二人看见秦始皇头顶华盖，队伍浩浩荡荡，男女随从无数。刘邦长叹：“大丈夫当如是。”而项羽则顿生豪气：“吾当取而代之！”由此可见项羽霸气。

项羽一生多征战，先是破釜沉舟，击破巨鹿三秦（章邯、董翳、司马欣）。后又刺杀怀王，逼走刘邦，自立为“西楚霸王”。然后大封诸侯。楚霸王四年，刘邦与霸王项羽以鸿沟为界，东归楚，西归汉议和。

同年，项羽返彭城时遭齐王韩信追杀至垓下，韩信以“四面楚歌”之计包围楚兵。项羽高唱“力拔山兮气盖世，时不利兮骓不逝。骓不逝兮可奈何，虞兮虞兮奈若何”。歌毕自刎于乌江边。

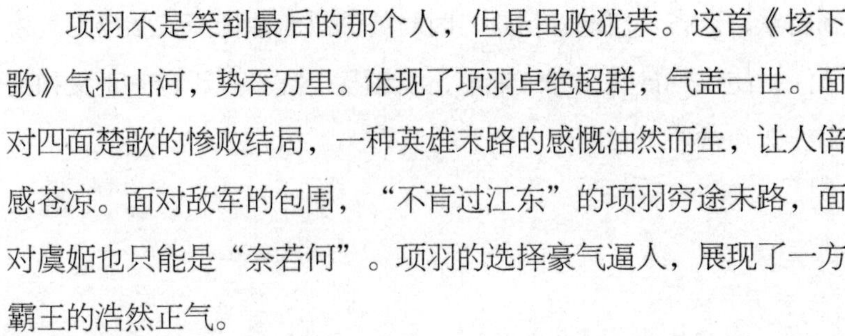

项羽不是笑到最后的那个人，但是虽败犹荣。这首《垓下歌》气壮山河，势吞万里。体现了项羽卓绝超群，气盖一世。面对四面楚歌的惨败结局，一种英雄末路的感慨油然而生，让人倍感苍凉。面对敌军的包围，“不肯过江东”的项羽穷途末路，面对虞姬也只能是“奈若何”。项羽的选择豪气逼人，展现了一方霸王的浩然正气。

与项羽的“英雄本色”有所不同的，是诸葛亮等文人志士的“名士风流”。三国时期的诸葛亮，羽扇纶巾，貌似轻松淡定、潇洒自如，实则神机妙算、运筹帷幄。西晋开国元勋羊祜，平日一副松洒打扮，飘逸十足，甚至在打仗的时候，仍不失其雍雅的风度。魏晋名士大多旷达风流，放任自流，毫不矫揉造作，痛快淋漓。

不管是英雄本色，还是名士风流，都具备是孟子所说的“浩然正气”。“其为气也，至大至刚，以直养而无害，则塞于天地之间。其为气也，配义与道；无是，馁也。是集义所生者，非义袭而取之也。”有志之士当养浩然正气，大者壮我泱泱中华之神威，小者在为人处世中光明磊落、至情至性。

养浩然正气并非易事。《孟子》中有言：是集义所生者，非义袭而取之也。在孟子看来，浩然正气是正义的念头日积月累所产生的，不是一时的正义行为就能得到的。关于“集义”，王阳明认为做每一件事都应符合良知的要求，这样才能使心中的浩然之气壮大起来，再遇到其他事情就更能以良知为指导，从而达到“从心所欲不逾矩”的中庸境界。由此看来，要养浩然正气，就要做正直之人，诚实地对待生活中的每一件小事，日积月累，不断壮大。

浩然正气是人的精神“脊梁”，是抵御歪风邪气的“屏障”。正气长存，则邪气却步、阴霾不侵；正气长存，则清风浩

荡，乾坤朗朗。要保持浩然正气，就必须“一日三省吾身”，做到自重、自省、自警、自励，时时处处以激浊扬清、弘扬正气为己任，使正气日盛，邪气渐消，引领整个社会不断走向正义和文明。此乃君子之道也。

第三章

身安不如心安，屋宽不如心宽

欲修身，先养心

心即理也，天下又有心外之事、心外之理乎？

——王阳明箴言

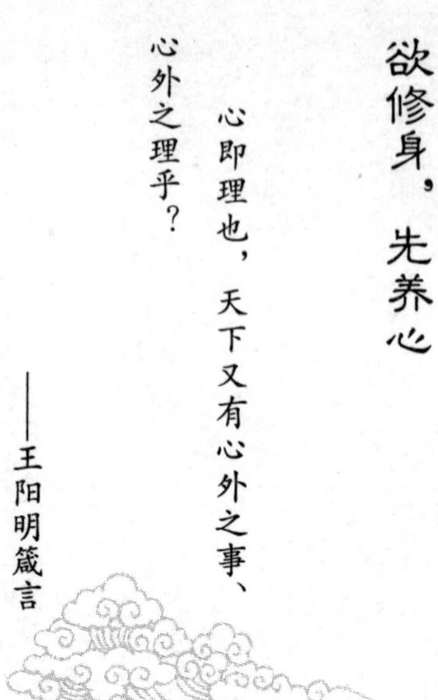

浮世之中，总有许多人为追求物质享受、社会地位和名声显赫等身外之物而心力交瘁，疲惫不堪。他们怨天尤人、欲逃离其中而不得，皆因忽略了自己的内心，不能明白万事以修心为先的道理。

王阳明认为，人心就是天理，世界上哪还有存在于人心之外的事物和道理呢？虽然“心外无物”的看法与唯物主义观点相悖，但王阳明关于从人的内心去寻求真理的看法，是有其道理的。古人云：“相由心生”，无论是从佛学、玄学还是科学的角度予以考证，都具有一定的合理性，表明了人的心思会呈现在其外在表征之中。如此推敲，人的言语、行为等外在表征，则多为其复杂内心的反映。按照王阳明所言，欲使人的言行举止符合一定的规范或是达到至善的境界，则要从其内心入手，而不是人心之外的事物。只有当内心达到了至善的境地，其外在的言行举止才能表现出善的一面。

贪泉，泉名，据史料记载，贪泉地处广州北郊30里的石门镇。传说人饮此水，便变得贪而无厌，故名。西晋时，朝廷派往广州的

几任官员，差不多都以经济犯罪而被撤职查办，人们传说他们是因为喝了贪泉的水。后来，朝廷派去一位廉洁的名吏吴隐之任广州刺史，到任之日，他领随从来到贪泉边，从中取水而饮，随从劝他说："以往进入广州的官员都要饮上一杯，以示风雅，但是这些官员都贪赃枉法，爱钱如命，此泉饮不得。"吴隐之问随从说："那些不喝泉水的老爷们是否清廉了？"随从说："还不是一丘之貉。"吴隐之连饮三瓢后动情地说："贪财与否，取决人的品质，我今天喝了贪泉水，是否玷污了平时为官清廉的名声，请父老乡亲们拭目以待吧。"并赋诗一首："古人云此水，一歃怀千金。试使夷齐饮，终当不易心。"果然，他在任期间，为政清廉，并没有因饮贪泉水而贪污，留下了饮"贪泉"而不贪的千古美谈。

贪与不贪，并不在于一泉，没有饮贪泉水的人，也会照贪不误。所以，贪泉只是那些贪污的人的一个挡箭牌。王勃在《滕王阁序》中说："酌贪泉而觉爽，处涸辙以犹欢"，一个人贪与不贪，本在于自己内心的修养，并不在于外在的条件。

做人若问心无愧，坦坦荡荡，对于每天里遇到的各种突如其来的状况，也能应对自如，而不会被其搅乱心情，也就可以傲视天下。在儒家先贤眼里，这是君子风范的标准之一。

王阳明用一生的经验总结出一句话："心"左右一切。做好事来源于内心，做坏事也来源于内心。心中所想会影响我们的行为，一颗平静而宽容的心令人能够体会到生活的快乐，而一颗躁动而沉重的心则令人陷入黯淡而找寻不到方向。只有以修心为先，才能更通透地知晓世间的道理，才能更真切地把握为人处世之道。然而，对于身处纷繁世界中的大多数人而言，即便知道理应如此，但要真正做到并不容易，甚至要用一生的时间去琢磨。

其实，修心不是绝大的难题，只要我们能够日日更新、时时自省，不断净化内心的污垢，便能摆脱俗事的困扰。

守住一颗至善之心

至善是心之本体，只是『明明德』到至精至一处便是，然亦未尝离却事物。

——王阳明箴言

世人常言，心中郁结难舒，困惑不已。人们之所以解不开心中的郁结，很大程度上是因为心为外物所蒙蔽，使人看不清自己的本心。所谓本心，即心之本体也。王阳明有言：“至善是心之本体，只是‘明明德’到至精至一处便是，然亦未尝离却事物。”他认为，至善才是人心的本体，而将光明正大的品德弘扬到至高无上的境界就是至善，但也未曾脱离客观事物。这种“至善是心之本体”的看法，与孟子的“人性本善”有相似之处。即从本心出发，看清自己的本心才能摒弃一切恶的俗世观念，避免盲目攀较、自负自傲、贪得无厌等心之负累，守住一颗至善的心。

王翱，字九皋，河北盐山人，明朝永乐进士，历事明成祖、仁宗、宣宗、景帝五朝，曾任吏部尚书十五年。死后谥号“忠肃”，因吏部本周礼天官之职，故世称“王天官”。

王翱做都御史时，和一个太监一起镇守辽东。这个太监很守法，与王翱相处得很好。后来，王翱改任两广总督，这个太监送

给王翱四枚大珠。王翱坚决推辞，太监说："这珠可不是受贿得来的。过去先皇把郑和所买的西洋珠赏赐给左右近臣，我得到八枚，现在拿出一半为你赠别，你本来就知道我并不贪财啊。"王翱收下大珠子，放入所穿的上衣里，把它缝好。后来回朝，太监已经死了，王翱找到太监的两个侄子。王翱问他们说："你们的老人廉洁，你们大概不免苦于贫困吧？"二人都说："是的。"王翱说："如果你们有所经营，我帮助你们出钱。"二人嘴里答应了，但是心里不信，认为王翱是假意客气。王翱屡次催促他们，于是他们假造一张五百两银子的买房契约，告诉王翱。于是王翱拆开上衣，取出藏在里面的珠子交给他们，只见原来封存时的封印依然如故。

王翱是明朝"声实茂著"的一代名臣，在历史上，王翱不贪图别人的财物是很有名的，这与那些不管是否自己的，应该拿不应该拿都往自己兜里揣的人不同。道德是一种习惯，不贪财是一种禀性。贪财从"贪心"开始，王翱之所以执意要把珠子还给太监的后代，是因为对于他来讲，这珠子是他心灵上的一个沉甸甸的负担，所以，他想尽办法，把这珠子赠给太监的后人，以卸掉心灵上的重负。所以，做人不要贪心，否则会让自己的心灵不堪重负。

王阳明赞成性本善之说，认为心本来是明亮的，只因各种私欲等污垢蒙在心上，失去了善的本性。只要清扫干净，恢复明亮，便能够看清本心，仍然是一个好人，甚至是一个圣人。

所以，每个人心中都有一份善念，只是被每日的琐事繁务所蒙蔽，看不清便以为没有，导致了抑或消极抑或偏激的想法，使心中的郁结越积越大，越结越复杂，最终作出令人扼腕叹息的错误决定。因此，只有遵照王阳明的警示：看清本心，明心见性，才能找到心中的郁结所在，才能找到解开心结的正确途径，才能走出心灵的围城，走向美好的人生。

看破繁华，不动于气

圣人无善无恶，只是「无有作好」，「无有作恶」，不动于气。

——王阳明箴言

孔子人生态度的一个重要方面，就是求心安。心若安定了，那外面的风吹雨打便都可看作过眼云烟。就其对儒家之“礼”的阐释——“礼与其奢也，宁俭；丧与其易也，宁戚”可以看出，孔子认为礼节仪式与其奢侈繁杂，不如节俭，正如丧礼那样，与其在仪式上准备得隆重而周到，不如在心里沉痛地哀悼死者，因为心中之礼比其外在形式更重要。

求心安，即保持一颗安定、清净的心，不因外界的打击和诱惑而摇摆不定，不过于狂热地去追求心外之物。能够做到这一点并不容易，因为人的心境太容易受到外界的干扰。恶人受丑陋之心的牵引而做坏事，普通人也可能因为执著心、愧疚心等而使自己陷入痛苦，无法自拔。如果人对于外界的事情心有挂碍，并由此生出了懊恼、欢喜，那么这颗心就失去了它的本来面目。

王阳明的弟子薛侃曾向他请教：“为何天地间的善难以培养，而恶却难以去除呢？”王阳明认为，因为心中有善恶之念，引发好恶之心，才导致为善或为恶。他在回答中举出“花草”

的例子：当人们想赏花时，就认为花是好的而它周围的杂草是恶的，因为那些杂草影响了赏花的效果；而当人们要用到那些杂草时，则又认为它是善的。这样的善恶区别，都是由于人们的好恶之心而产生的，因此是错误的。王阳明指出，应该心中无善无恶。他所讲的无善无恶，与佛家所讲的不同。佛家只在无善无恶上下工夫而不管其他，便不能够将此道理用于治天下。而圣人所讲的无善无恶，是告诫世人不从自身私欲出发而产生好恶之心，不要随感情的发出而动了本心。

有一天，深山里来了两个陌生人。年长的仰头看看山，问路旁的一块石头："石头，这就是世上最高的山吗？""大概是的。"石头懒懒地答道。年长的没再说什么，就开始往上爬。年轻的对石头笑了笑，问："等我回来，你想要我给你带什么？"石头一愣，看着年轻人，说："如果你真的到了山顶，就把那一时刻你最不想要的东西给我，就行了。"

年轻人很奇怪，但也没多问，就跟着年长的人往上爬。斗转星移，不知过了多久，年轻人孤独地走下山来。

石头连忙问："你们到山顶了吗？"

"是的。"

"另一个人呢？"

"他，永远不会回来了。"

石头一惊，问："为什么？"

"唉，对于一个登山者来说，一生就大的愿望就是登上世上最高的山峰，但当他的愿望真的实现了，同时，也就没有了人生的目标，这就好比一匹好马的腿断了，活着与死，已经没有什么区别了。"

"他……"

"他从山崖上跳下去了。"

"那你呢？"

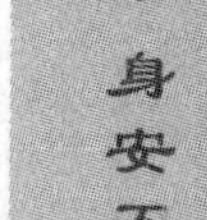

“我本来也要一起跳下去的，但我猛然想起答应过你，把我在山顶上最不想要的东西给你，看来，那就是我的生命。”“那你就来陪我吧！”

年轻人在路旁搭了个茅草屋，住了下来。人在山旁，日子过得虽然逍遥自在，却如白开水般没有味道。年轻人总爱默默地看着山，在纸上胡乱画着。久而久之，纸上的线条渐渐清晰了，轮廓也明朗了，后来，年轻人成了一名画家，绘画界称他是一颗耀眼的新星。接着，年轻人又开始了写作，不久，他就因他的文章回归自然的清秀隽永一举成名。

许多年过去了，昔日的年轻人已经成了老人，当他对着石头回想往事的时候，他觉得画画、写作其实没有什么两样。最后，他明白了一个道理：其实，更高的山并不在人的身旁，而在人的心里，心中无我才能超越。

这位老人的境界不可谓不高。确实，更高的山在我们的心里，只有心中无我时，人才能攀越这座高山。人世间最可怕的不是做错事，而是心中动了歪念。倘若内心摇摆不定、狂热偏激，就会动歪念，就会继续做错事，这个时候就只有倒空了自己，才会发现虚无。

一位佛学大师曾说：“心是最有反应、最有感觉的器官。我们看大自然的山川鸟兽、花开花落。我们看人生的生老病死、苦空无常，我们看世间的生住异灭、轮回流转等，都会因心的触动而有喜怒哀乐的表现。”世间的风动幡动，其实都是因为心动罢了。

王阳明说：无善无恶是静态时候的表现，有善有恶是气动的表现。在起心动念间，如果我们自己的内心茫然，就会不知所住，甚至连自己究竟是对是错都分辨不清。因此，唯有秉持一颗安定、清净之心，才能将世情看破，身处繁华闹市而不为所动。

不忙不乱，不焦不躁

天地气机，元无一息之停。然有个主宰，故不先不后，不急不缓，虽千变万化而主宰常定，人得此而生。若无主宰，便只是这气奔放，如何不忙？

——王阳明箴言

忙碌是现代社会中大多数人的一种生活状态。不幸的是，与身体的操劳相伴随而来的，还有内心的忙乱急躁、焦虑不堪。所谓“身之主宰便是心”，倘若在忙碌的生活中不能给内心留一分悠闲，而使其深受烦恼与担忧所累，便更难在为人处世之时做到游刃有余、潇洒自在。

《传习录》中有这样一段记载：

崇一问：“寻常意思多忙，有事固忙，无事亦忙，何也？”

先生曰：“天地气机，元无一息之停。然有个主宰，故不先不后，不急不缓，虽千变万化而主宰常定，人得此而生。若主宰定时，与天运一般不息，虽酬酢万变，常是从容自在，所谓‘天君泰然，百体从令’。若无主宰，便只是这气奔放，如何不忙？”

欧阳崇一问：“平时意念思想常常很忙乱，有事的时候固然会忙，无事的时候也忙，这是为什么呢？”王阳明回答说：“世间万物的变化本来就没有瞬息的停止。然而有了一个主宰之后，

变化就会有所依据，有秩序可言，虽然千变万化，但主宰却是一成不变的，人有了这个主宰才能在瞬息万变的人世间生存。如果主宰恒定不变，就像天地运行一样永不停息，即使日理万机，却也从容自在，这就是所谓的‘天君泰然，百体从令’。若没有主宰，便只有气在四处奔流，怎么会不忙呢？”

由此可知，要做到“虽酬酢万变，常是从容自在”，便要有一颗不忙不乱、不焦不躁的“主宰”之心。具体到人们的日常生活、工作中，就要用心去体悟繁杂中的快乐，学会用一颗平静的心去享受忙碌的价值。

现实当中有很多人，为了功名利禄而盲目地工作，以此来填充自己的人生。工作带来的种种压力，不断侵蚀着内心的安宁，让人倍感焦灼，于是渐渐地，人的身心就会陷入一种莫名的慌乱之中，完全理不清头绪。此时，唯有从内心闲下来，静下来，才能转变观念，学会把工作当作一种快乐的享受，而不仅仅是赚取金钱谋取地位的工具。如此，才不至于将人生变成炼狱。

如道家所言，将自己的心放到天地间，去体悟自我的渺小与天地的广大。与由人所构成的社会相比，包容天地万物的大自然，更能令人身心舒畅。自然可以开启人的心灵，陶冶人的情操。将自己的内心倾向自然，正如“智者乐水，仁者乐山”，仁者从心之根本养成如大山般稳重、坚定不移的品质。当我们走进自然的怀抱，沐浴春风与阳光，尽览山河之宽广与博大，便会明白，那些长期困扰我们的身外之物，皆由一颗远离自然的心而起。当我们身处自然之中，便能够亲身感受大自然的博大胸襟，感受到万物的和谐共处，从而在大自然的安逸与恬静中把握心中那份从容与自在。

忙碌的生活虽然令人身心疲惫，但也可以充满乐趣，成为一门令人身心愉悦的艺术。关键在于你是否能够放慢心的脚步，让你的心松口气。正如攀登高山，若一心只想着登上顶峰，难免疲

惫不堪；但若能静下心来，欣赏沿途赏心悦目的风光，那将是一种别样的感受，更是一种忙而不乱的人生。

人的内心既是一方广袤的天空，能够包容世间的一切；也是一片宁静的湖面，偶尔也会泛起阵阵涟漪；更是一块皑皑雪原，辉映出一个缤纷的世界。纵然世间的纷纷扰扰难以平息，生活的智者总能在心中留一江春水，淘洗忙碌的身躯；以一颗闲静淡泊之心，看庭前花开花落，望天上云卷云舒。

空心，才能容万物

圣人之所以为圣，只是其心纯乎天理而无人欲之杂，犹精金之所以为精，但以其成色足而无铜铅之杂也。

——王阳明箴言

王阳明曾言：“圣人之所以为圣，只是其心纯乎天理而无人欲之杂，犹精金之所以为精，但以其成色足而无铜铅之杂也。人到纯乎天理方是圣，金到足色方是精。然圣人之才力亦有大小不同，犹金之分两有轻重。……盖所以为精金者，在足色而不在分两；所以为圣者，在纯乎天理而不在才力也。故虽凡人，而肯为学，使此心纯乎天理，则亦可为圣人，犹一两之金，此之万镒，分两虽悬绝，而其到足色处可以无愧。”王阳明以纯金作比，意在说明圣人比凡人更高明的地方，不是他的才能，而是一颗只存天理而无贪嗔杂念的空明之心。

宇宙万物，因为虚空而含纳包容，所以能拥有日月星河的环绕；因为高山不拣择砂石草木，所以成其崇峻伟大。世人常说“海纳百川”，便是将“大海”作为浩瀚胸襟的形象代表。而人心的包容，是大海与高山都不能比的。所谓“心空”，即内心无外物羁绊。修养内心的最高境界，便是将心腾空，如此才能真正做到包容万物。

苏不韦是东汉人，他的父亲做司隶校尉时得罪了同僚李皓，被李皓借机判了死刑，当时，苏不韦年仅18岁，他把父亲的灵柩草草下葬后，又把母亲隐匿起来，自己改名换姓，用家财招募刺客，发誓复仇。但几次行刺都没有成功，这期间李皓反而青云直上，最后官至大司农。

苏不韦就和人暗中在大司农官署的北墙下开始挖洞，夜里挖，白天躲藏起来。干了一个多月，终于把洞挖到了李皓的卧室下。一天，苏不韦从李皓的床底下冲了出来，不巧李皓上厕所去了，于是杀了他的小儿子和妾，留下一封信便离去了。李皓回屋后大吃一惊，吓得在室内设置了许多机关，晚上也不敢安睡。苏不韦知道李皓已有准备，杀死他已不可能，就挖了李家的坟，取了李皓父亲的头拿到集市上去示众。李皓听说此事后，心如刀绞，心里又气又恨，又不敢说什么，没过多久就吐血而死。

李皓因一点个人私怨就将人置于死地，结果不仅给自己招来杀身之祸，连老婆、孩子都跟着倒霉，甚至是死去的父亲也未能幸免于难。而苏不韦从十八岁开始就谋划复仇，此外什么也没做成。这两个人最大的缺陷都是因为被仇恨所牵绊，没有一个宽大的心胸。人有时候如果能宽容一点，甚至一笑泯千仇，将干戈化为玉帛，不但能为自己免去毁灭性的灾难，还可以放下心灵的包袱，让自己变得轻松，而生活也能变得更加幸福和祥和。

从内心深处摆脱周遭的羁绊，进入心无旁骛的至高境界，就是踏上了心灵的解脱之路，内心感受到的万物便会远远超过自己视线范围之内的一切。此时的内心，呈现的是一种空无的状态，也就是王阳明所说的空明之心。空，才能容万物。即便是人与人之间的交往，也需要给彼此一定的空间，才能畅所欲言、和平相处。与其用金钱权利、名誉地位将内心

满满地填充，何不索性全部放下，将心腾空，获得心灵的自由和解脱呢？

因此，普通人若能学会抛开杂念，使内心纯净空明，那么，即便才能有高下之分，也同样可以成为圣人。

让生活回归简单

“道之大端易于明白”，此语诚然。顾后之学者忽其易于明白者而弗由，而求其难于明白者以为学，此其所以“道在迩而求诸远，事在易而求诸难”也。

——王阳明箴言

简单是一种心灵的净化，它是安定，是率直，是单纯。它通常表现在衣着、饮食、休闲娱乐、事业成就等与生活密切相关的方方面面。然而就其本质而言，则是依托于一颗简单的心。换言之，就是在喧嚣的世俗社会中为自己增添一分内心的宁静。

王阳明曾在写给他学生的书信中说：“‘大道理容易令人明白’，这句话非常正确。后来的学者忽略那些简单明白的大道理不去遵循，而去追求那些难以理解的东西来做学问，这就是‘道理在近处却偏偏往遥远的地方去寻求，事情本来很简单，却偏偏要将其复杂化’。”“圣人的学问之所以最容易最简单，容易令人明白并遵循道理行事，容易学有所成，是因为它只是关于恢复人心本体所共有的良知，而知识技能并不是它要论述的。”

圣人做学问追求一种“大道至简”的境界，人活一生也应如此。在人的一生中，会有许多的追求、许多的憧憬。追求真理，追求理想的生活，追求刻骨铭心的爱情，追求金钱、名誉和地位。有追求就会有收获，我们会在不知不觉中拥有很多，有些是

我们必需的，而有些却是完全用不着的。那些用不着的东西，除了满足我们的虚荣心之外，最大的可能，就是成为心中的负担。

为什么人们会不厌其烦、孜孜不倦地去追求那些看似风光，实际令人身心疲累的“负担”呢？皆因内心少了一分简单，少了一种简单的人生态度。与其困在财富、地位与成就的壁垒中迷惘，不如尝试以一颗简单的心，追求一种简单的生活，舒展身心，享受用金钱也买不到的满足与快乐。

其实也有很多人渴望拥有简单的生活，渴望放弃华屋美宅、山珍海味，不追时髦，不赶潮流。他们常常说：“如果能回到孩童时代就好了！那时的我们，多单纯，多快乐啊！”孩童时代的我们能够拥有一颗单纯的心，并不是因为我们处于那样的年龄阶段，而是因为那时的我们内心尚未被世间的身外之物所牵绊。真正的简单是发自内心的，选择简单的生活就是要挣脱心灵的桎梏、回归真我。无论是三岁孩童还是二三十岁的成年人，都可以拥有一颗简单的心。尤其当人的一生即将结束的时候，人们终将体会到，简单才是内心深处最迫切的渴望。保持一颗简单的心，才能使简单的生活不仅仅是内心的向往而成为现实。

简单，是一种生活的艺术，是幸福生活的最高境界。简单的生活首先是外部生活环境的简化。然而强调简化生活，并非完全抛弃物欲，而是要将全副身心专注于身外浮华之上的注意力打散，从而求得一种身心的平衡，过一种和谐从容的生活，真正提升生活的品质。一个真正懂得简单生活的人，才能从做家务、带孩子、与心爱的人散步等平凡的生活细节中体验到真正的快乐。

简单不仅是一种生活的艺术，同时也是一种强大的驱动力。吃惯鲍参翅肚的人偶尔尝一次家常小菜，自然觉得新鲜可口，但能否长此以往，则在于他的内心是否也如此简单。善于攻心之人，心思复杂之人，则因为缺乏了这种强大的驱动力，而难以享

受发自内心的简单生活所带来的快乐。当我们不再为身外的浮华耗费过多的时间和精力，也就为内心提供了更大的空间与平静。当我们的生活趋于简单，我们才能更深层地认识自己，更真诚地对待自己，才能将一颗简单的心升华，从而体会到“不足为外人道”的快乐。

内心单纯、想法简单的人，更能打动世界的心。世界上有这样两种人，一种人像水，随着地势的起伏改变着自己的形态；另一种人则像水晶，内心晶莹透彻，但却锐利坚硬。第一种人只能让自己随着世界而改变，第二种人则能令世界因他而改变。因为一颗简单的心，往往能令人们美好的梦想和执著的信念具有强大的感召力和影响力。这种强大的影响力与单纯的人格魅力常常形成一种鲜明的对比，天真烂漫的生活和无忧无虑的心态使他们宛若孩童，但思想的感召力和举手投足间的伟人风范却令人心生敬意。

对于心如水晶的人而言，一切都只不过是听从了内心的召唤，并随着善良的灵魂高歌起舞罢了。

第四章

持纯粹心，做至诚人

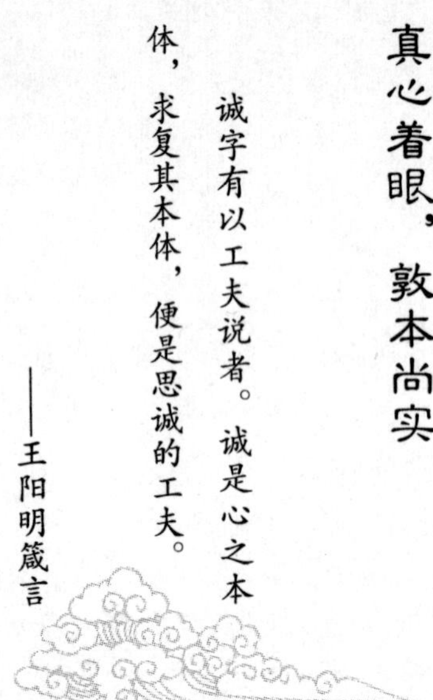

真心着眼，敦本尚实

诚字有以工夫说者。诚是心之本体，求复其本体，便是思诚的工夫。

——王阳明箴言

一次，王阳明来到南镇游玩，一个朋友指着从石头缝里长出来的花问道：“你说天下没有心外之物，那么这花在自开自落，和我心有什么关系？”

王阳明回答说：“你见到这花之前，花与你的心各自寂静；你来看此花时，花进入我们的内心，此花便在心头显现出来。便知此花不在你的心外。岩中花树对于心来说，其存在本身及其意义的被确认，在于花在人心中的显现。”

王阳明的这番话可以有很多种理解，而其中最为紧要的一点则是对于“心”的着眼。世间万象，其实都在于你是否用一颗“本心”去体验融会。在王阳明看来，这个本心就是真，真诚、真挚、真君子，抽取“真”，弄权耍奸，虚伪掩饰，只剩皮囊一副；抽取“真”，花开花谢无关己身，不知人事变迁，落得心眼两茫，终其一生，全无所得。

人心中有善有恶，有趋炎附势，有高洁自傲。唯其不真，所以才有“这万丈红尘，最难揣摩的就是人心”的说法。王阳明的全部学问就在于求"真心"以接"仁义"。简单地说，就是你没有一颗真挚实诚的心，也做不出善良敦厚的事。

一日，杨时、游酢来到嵩阳书院拜见程颐，正遇上程颐闭目养神，坐着假睡。程颐明知有两个客人来了，他却不言不动，不予理睬。杨、游二人也不愠不恼，只是恭恭敬敬地站在门口，肃然待立，一声不吭等候他睁开眼来。

那天正是冬季很冷的一天，不知什么时候，开始下起雪来。门外积雪，有一尺多深。在雪中等了约有半天工夫，程颐才从睡榻上醒来，见了杨、游二人，装作一惊说道："啊！啊！贤辈早在此乎！"而杨时和游酢并没有一丝疲倦和不耐烦的神情。

杨时、游酢二人"程门立雪"，只为学于高师，求善解，两人真心崇拜程颐人品道德和学术修养，明知程颐在考验自己，依然以礼相见。对他们来说，这是出于真心实意的行为，并非趋炎附势，所以内心坦荡而礼义周全，即是平常人之礼，其本质是诚心而非收买。

不敷衍、不做作、不逃避，能老实地袒露内心的人，往往最能打动人心，得到别人的谅解。然而，做人却很难得永远保持着这种心境。就好像刚出学校的年轻人，满怀着希望和抱负。但是入世久了，挫折受多了，艰难困苦经历了，或者心染污了，变坏了；或者本来很爽直的，变得不敢说话了；或者本来很坦白的，变成很歪曲的心理了；本来有抱负的，最后变得很窝囊了。其实，社会与环境不足以影响人，只要我们每个人有自己独立的造诣、独立的修养，那么在任何复杂的世界、任何复杂的时代、任何复杂的环境里，都可以永远保持最初开始时的心境，这就是王阳明说的"本心"。

一如动静互补是一种生命形态，本心为真亦是一种生命形态。王阳明常言："真，吾之好也。"而痛恨假道于私的小人所为。佛家说世上只有两个人，一个人叫名，一个人叫利，照此讲来，我们不妨也可以这样说，世上只有两样事，一件为真，一件为假。求真必然务实，求假自然务虚，虚实之间，体现的不仅是对人的态度，更是对自己的认识。糊弄别人容易，糊弄自己很难。

保持本色，出以真情

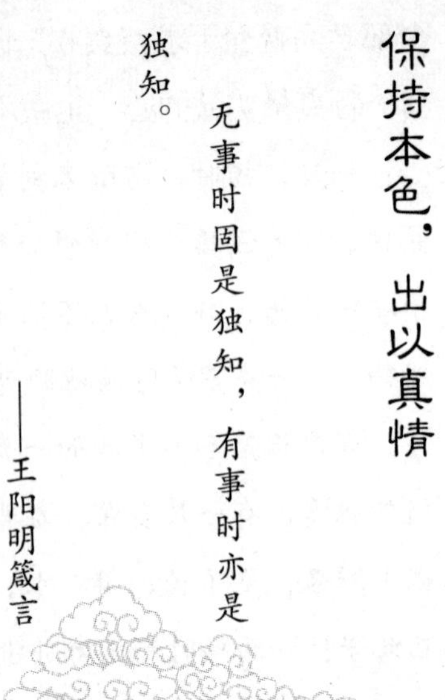

无事时固是独知，有事时亦是独知。

——王阳明箴言

泰山拔地而起，于是造就了东岳的雄伟；黄山吞云吐雾，于是成就了它的瑰丽；峨嵋清幽秀美，于是展现了它的神奇——山因自己的个性而呈现出千姿百态。雄也美，秀也美。万事万物，因有个性本真而美丽；芸芸众生，因有个性本真而永恒。

王阳明曾对他的学生黄弘纲说，无事时是独知，有事时也是独知。人如果只在人们关注的地方用功，那就是虚伪的作假。因此，一个人在这个社会上生存，不要总希冀自己能够瞒天过海，还是以真示人，但求无违我心的好。

子路、曾皙、冉有、公西华坐在孔子身旁。孔子说："不要认为我比你们年纪大一点，就不敢在我面前随便说话，你们平时总在说：'没有人知道我呀！'如果有人想重用你们，那么你们打算怎么办呢？"

子路不假思索地回答说："一个拥有一千辆兵车的国家，夹在大国之间，常受外国军队的侵犯，加上内部又有饥荒，如果让我去治理，三年工夫，就可以使人人勇敢善战，而且还懂

得做人的道理。”孔子听了，微微一笑，于是又问：“冉求，你怎么样？”

冉求回答说：“一个纵横六七十里或者五六十里的国家，如果让我去治理，等到三年，就可以使老百姓富足起来。至于修明礼乐，那就只得另请高明了。”

孔子又问：“公西华，你怎么样？”

公西华回答说：“我不敢夸口说能够做到怎样，只是愿意学习。在宗庙祭祀的工作中，或者在同别国的会盟中，我愿意穿着礼服，戴着礼帽，做一个小小的赞礼人。”

孔子接着问曾皙，这时曾皙弹瑟的声音逐渐慢了，接着铿的一声，放下瑟直起身子回答说：“我和他们三位的才能不一样呀！”孔子说：“那有什么关系呢？不过是各自谈谈自己的志向罢了。”曾皙说：“暮春时节，天气暖和，春天的衣服已经上身了。我愿意和五六位成年人，六七个青少年，到沂河里洗洗澡，在舞雩台上吹吹风，一路唱着歌儿回来。”

孔门这几位弟子的个性跃然纸上，子路的忠诚与勇敢，冉有的谨慎，公西华的谦虚，曾皙心灵的平静与淡然，都呼之欲出。个性就是一种特质，一种不因潮流而改变的东西，一种你有别人没有的东西。只有坚持独属于自己的才会是最美的。

明末清初大思想家王夫之在其书中曾强调，个人身处世间，不可“挟心而与天下游”，否则就会像“韩非知说之难，而以说诛。扬雄知白之不可守，而以玄死”。既然一个人不可“挟心而与天下游”，那就说明人生在世，要学会“以真示人”。但很多人都自认为聪明，可以骗得了天下人，其实，人的智慧相差无几，一个人的那点小小的伎俩怎么可能瞒得了其他人呢？

东晋时，王家是大家族，社会地位很高，因此当时的太尉郗鉴就想在王家挑选女婿。郗鉴这个女儿，才貌双全，郗鉴爱如掌上明珠，这么一个宝贝女儿，一定要找个门当户对的人家。郗鉴

觉得王家与自己情谊深厚，又同朝为官，听说他家子嗣甚多，个个才貌俱佳。一天早朝后，郗鉴就把自己择婿的想法告诉了王丞相。王丞相说："那好啊，我家里子嗣很多，就由您到家里任意挑选吧。凡您相中的，不管是谁，我都同意。"郗鉴就命心腹管家带上重礼到了王丞相家。王府子弟听说郗太尉派人觅婿，都仔细打扮一番出来相见。寻来觅去，一数少了一人。王府管家便领着郗府管家来到东跨院的书房里，就见一个袒腹的青年人仰卧在靠东墙的床上，似乎对太尉觅婿一事无动于衷。郗府管家回去向郗鉴报告："王家的少爷个个都好，他们听到了相公要挑选女婿的消息以后，个个都打扮得齐齐整整，装模作样，循规蹈矩，唯有东床上有位公子，袒腹躺着，若无其事。"郗鉴说："那个人就是我所要的好女婿！"于是马上派人再去打听，原来那人就是王羲之。郗鉴来到王府，见到王羲之既豁达又文雅，才貌双全，当场下了聘礼，择为快婿。

王羲之并不因有人来挑选女婿就刻意打扮自己，这就是显其真。一个以真示人的人一定会有一个好前途，所以王羲之被选中了。

真正成功的人生，不在于成就的大小，而在于是否活出自我。走自己的路，让人们去说吧！何必把自己的人生交到别人的手中，何必要被别人的评论所左右，何不按照自己的想法去过自己的人生！

伪装自己、改变自己只会丢失了自己，这样便没有了存在的意义。王阳明提倡恢复心的本体，是告诉世人要保持最为本真的自己。每个人都是独一无二的，无须按照他人的眼光和标准来评判甚至约束自己，无须效仿他人，要相信自己，保持自我的本色，无须去寻求这样那样的机心，应以真心对待万事万物。事实上，只要我们在遵守团体规则的前提下能够保持自我本色，不人云亦云，不亦步亦趋，就能创造出属于自己的美好人生。

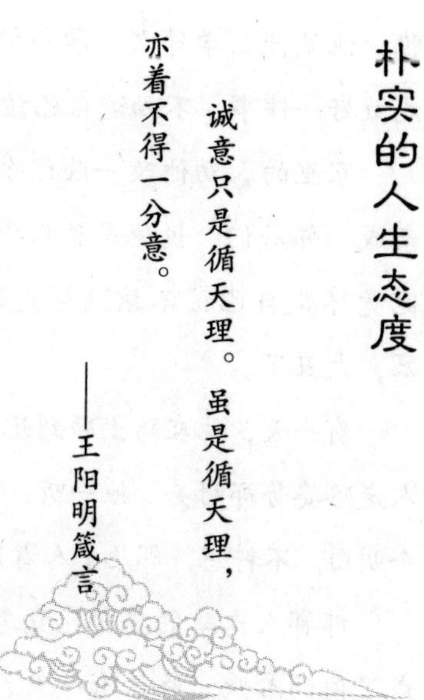

朴实的人生态度

诚意只是循天理。虽是循天理，亦着不得一分意。

——王阳明箴言

王阳明认为世间本没有善恶之分，也就没有为善除恶之说。若真要弄出个善、恶来，也是存在于人心当中，遵循自然而发展就是善，被外物所扰，掺杂私欲就是恶。

所谓善恶，只不过是在周边环境影响下依据本性而产生的，有善恶之分的不是本性而是习惯。本性是一种内在的东西，平时可能感觉不到它的存在，但它在暗中操控着你。它决定着你的大部分习惯，决定着你的性格，甚至决定着你的人生。人本来生下来都很朴素、很自然，由于后天的教育、环境的影响，种种原因，把圆满的自然的人性雕琢了，刻上了许多的花纹雕饰，反而破坏了原本的朴实。因此，人不要刻意雕琢自己本性的棱角，要保持住生命中最朴素的东西。

先秦时期，燕国寿陵地方有一位少年，叫寿陵少年。

这位寿陵少年不愁吃不愁穿，论长相也算得上中等人才，可他就是缺乏自信心，经常无缘无故地感到事事不如人，低人一等——衣服是人家的好，饭菜是人家的香，站相坐相也是人家高

雅。他见什么学什么，学一样丢一样，虽然花样翻新，却始终不能做好一件事，不知道自己该是什么模样。

家里的人劝他改一改这个毛病，他以为是家里人管得太多。亲戚、邻居们，说他是狗熊掰棒子，他也听不进去。日久天长，他竟怀疑自己该不该这样走路，越看越觉得自己走路的姿势太笨，太丑了。

有一天，他在路上碰到几个人说说笑笑，只听得有人说，邯郸人走路姿势那叫美。他一听，对上了心病，急忙走上前去，想打听个明白。不料想，那几个人看见他，一阵大笑之后扬长而去。

邯郸人走路的姿势究竟怎样美呢？他怎么也想象不出来。这成了他的心病。终于有一天，他瞒着家人，跑到遥远的邯郸学走路去了。

一到邯郸，他感到处处新鲜，简直令人眼花缭乱。看到小孩走路，他觉得活泼、美，学；看见老人走路，他觉得稳重，学；看到妇女走路，摇摆多姿，学。就这样，不过半月光景，他连走路也不会了，路费也花光了，只好爬着回去了。

这就是“邯郸学步”成语的来历，它所比喻的道理乃是生搬硬套，机械地模仿别人，不但学不到别人的长处，反而会把自己的优点和本领也丢掉。很多人过不上自己想要的生活，就希望自己成为别人，把自己想象成模仿中的人物，过着模仿的生活。其实每个人都有自己的本色，如果一味模仿别人，扭曲自己的本来面目，最终会迷失自己。

人需抛弃自己引以为傲的聪明灵巧，抛弃自私自利的贪图之心，如果人人皆能如此，便不会有作奸犯科的盗贼，不会有我们认为的大恶。

著名国学大师南怀瑾先生曾说，如果将绝圣弃智的观念归纳到生命理想中，便是“见素抱朴，少私寡欲”。“见”指见地，观念、思想谓之见；“素”乃纯洁、干净；“朴”是未经雕刻、质地优良的原木。见素抱朴正是圣人超凡脱俗的生命情操，佳质深藏，光华内敛，一切本自天成，没有后天人工的刻意造作。

孔子在《论语》中也说，“素”如一张白纸，毫不沾染任何颜色，人的思想观念要随时保持纯净无杂，即不思善，不思恶。心地胸襟，应该随时怀抱原始天然的朴素，以此态度来待人接物、处理事务。个人拥有这种修养，人生一世便是最大的幸福；如果人人持有这种生活态度，天下自然太平和谐。

最优秀的东西就在人们自己身上，但是“大浪淘沙沙去尽，沙尽之时见真金”，大多数人都在浮华过后才意识到本色的可贵。质本洁来还洁去，不要让尘世浮华沾染了原本纯洁的心灵。玉不琢，不成器，但有时，人应该成为一块拒绝雕琢的“原木”，保留人性中单纯、善良、朴实的东西，不要让外在的雕饰破坏了自然的本质。一个人若能以本色示人，焕发本真个性，活出自己便是最美的。

君子养心莫善于诚

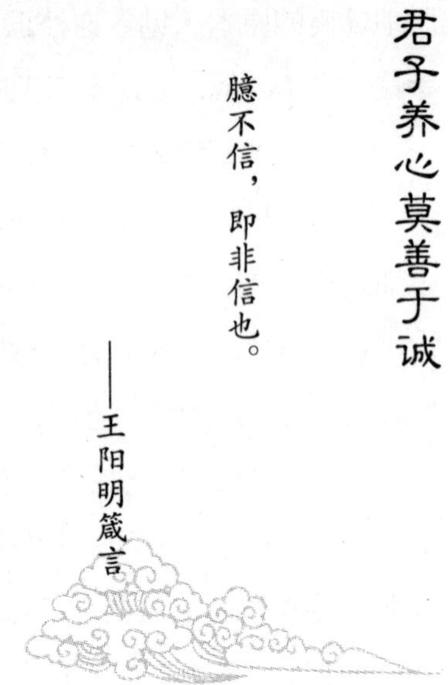

臆不信，即非信也。

——王阳明箴言

从古至今，诚信都是衡量人品的重要标尺。“信”是一个人的立身处世之本，如果不守信，也就失去了做人的基本条件。孔子把“信”与言、行、忠并列为教育的“四大科目”，并把它与恭、宽、敏、惠一起列入“五大规范”之中。一个人，只有言而有信，才能得到他人的信任。

在今天这个竞争激烈的社会中，人们往往因各种利益发生冲突，放弃了传统道德中提倡的信义，处处钩心斗角、尔虞我诈、机关算尽。只要能得到利益，根本顾不得承诺，为了把自己的荷包撑起来，甚至朋友、亲人皆可出卖。于是，人与人很难彼此真诚对待，每每在一起，总用一种狐疑的目光瞅着对方，还要虚与委蛇地干笑。回过头来，一面缓解面部抽筋，一面又觉得劳累空虚。

对这些无法遵守诺言的人，王阳明一向持批评态度。他认为与人交往时，事先就揣着怀疑的态度，臆想别人不相信自己，其实这就是不诚信的表现。只有淳朴、怀真情、讲真话、守信用的

人才值得认同和欣赏。这种人，本性中最重要的便是“真”字，是至诚之人真实的写照。

诚信是一个人安世立命的基本准则，是与人交往的前提要求，唯有遵守对他人的承诺，他人才会将心交于你，并且团结在你的周围，给予你存世的支撑。倘若你历来以违背誓言为生活的基本准则，只为小便宜处处失信于人，不但会失去朋友，还会失去你所得到的一切，令自己变得孤立无援。

周幽王三年，褒国的奴隶主褒姁试图平息周褒之间的战争，将貌美非凡的褒姒献给了周幽王，史书上记载那褒姒生的是“目秀眉清，唇红齿白，发挽乌云，指排削玉，有如花如月之容，倾国倾城之貌”。幽王本昏庸又荒淫无度，明眸皓齿的褒姒进宫以后自然集万千宠爱于一身，幽王视褒姒为掌上明珠，立她为妃。

可那褒姒却因不习惯皇宫中的生活，且念养父被太子宜臼所杀，心中忧恨，平时很少露出笑容，偶有一笑，流盼生辉，幽王便心中甚喜，为了博得美人一笑，幽王于是下诏天下：诱褒姒一笑者，赏千金。

后朝中的大奸臣虢石父便献出“烽火戏诸侯”的主意，幽王决意一试，遂命点燃烽火。那时候，从边疆到国都，每隔一定距离修一个高土台，当有外敌侵犯的时候，日夜驻守在烽火台的兵士便点燃烽火，一路传递下去，诸侯国得到消息便会立即派兵来援助。

且说那烽火燃起后，褒姒看到带着兵马匆匆赶来的大臣狼狈不堪的样子，忍不住便笑了，幽王心里甚是痛快，又把如此自己感觉滑稽却让人愤恨的游戏重演了几遍。这游戏满足了幽王的要求，却终使幽王失信于朝中大臣，又是西周最终灭亡的直接原因。

幽王讨褒姒欢心，便下令废黜王后申氏和太子宜臼，册封褒姒为后，褒姒生的儿子伯服为太子，王后的父亲申侯听后气愤

不过，便联合缯侯及西北夷族犬戎之兵，于公元前771年进攻镐京，幽王惊慌，命人点燃烽火，诸侯们却因以往多次地被愚弄心生不满，又加之痛恨幽王的昏庸无道，无人救援，终幽王被杀，褒姒被掳，西周灭亡。

幽王确是愚，他愚到滥用自己的皇位职权愚弄朝廷大臣，终失信于人，不用说是尊严了，连性命也丢掉了，可悲可叹！

“真”、“善”、“美”中，“真”是为人的第一步。如果一个人待人虚伪而不真切，他终究难以给人留下好的印象。王阳明的“致良知”学说中就有包含真诚笃实的观点。人之言为信，言而无信则非人。如果连句真话都不讲、连个小小的承诺都不能实现，并且因失信对他人造成伤害，那么这个人无论做什么，别人都会敬而远之、唾弃其卑劣人格，或者对他以牙还牙。最后此人终将孤立于世，郁郁寡欢、无疾而终。

在日常生活中，许多人对自己的习惯要求不严，总觉得一些小事，即使做错了也没什么大不了，所以往往不知不觉中失去诚信。生活就是这样的，你对他不诚实，他也会对你不诚实，总有一天，你会发现自己被生活所“欺骗”，失去了原本应该得到的东西。

做一个有信义的人胜似做一个有名气的人。也许有一天，一个人会失去所拥有的地位、财富、权力，但是做人的信用却不会被时间冲刷掉，它是无形的人生财富。时刻用诚信点缀自己的心灵，便能享受真实而惬意的生活。

至诚胜于至巧

唯天下之至诚，然后能立天下之大本。

——王阳明箴言

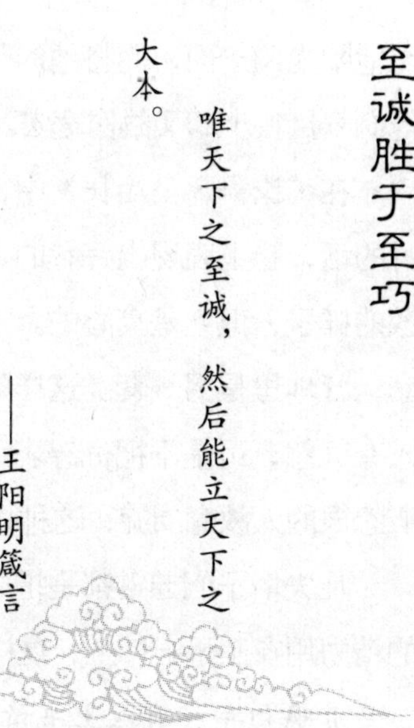

我国著名翻译家傅雷说过这样的话：“一个人只要真诚，总能打动人，即使人家一时不了解，日后便会了解的。我一生做事，总是第一坦白，第二坦白，第三还是坦白，绕圈子，躲躲闪闪，反易叫人疑心。你耍手段，倒不如光明正大，实话实说，只要态度诚恳、谦卑恭敬，无论如何人家不会对你怎么样的。”

所谓“精诚所至，金石为开”。假如我们没有诚意，就会什么事情也做不好，做不成。王阳明认为“惟天下之至诚，然后能立天下之大本”。在他看来，“诚”是一个非常重要的字。做事情，总是有一个先后的顺序，在谈到格物致知和诚意时，王阳明说“若以诚意为主，去用格物致知的工夫，即工夫始有下落，即为善去恶无非是诚意的事。”意思是，必须先有诚意，然后才能在事物上格致，否则就会无从下手。所以，在做任何事情的时候，都要讲究一个“诚”字。而这个“诚”是发自内心的真诚、坦白。

生活中有这样一种人：表面和善大度，对待他人永远只会表

现他阳光的一面，而将他的阴暗与冷漠、自私等蒙上一层面纱，他们气量狭小却又故作宽宏。

在《论语·公冶长》中，孔子说，一个人讲一些虚妄的、好听的话；脸上表现出好看的、讨人喜欢的面孔；看起来对人很恭敬的样子，但不是真心的。用我们老百姓的话说更直白：嘴上一套，背地里是另一套。这样的人就叫“两面三刀”。还有明明对人有仇怨，可是不把仇怨表示出来，而是暗暗放在心里，还去和所怨恨的人故意周旋，这种人的行径是不对的，用心也奸险。

凡夫俗子们通常都是把心情写在自己的脸上，哪里有那么多的精力用在工于心计上，这样活着的人未免太辛苦了。

贞观初年，有人上书请求清除邪佞的臣子。太宗问他说：“我所任用的都是贤臣，你知道哪个是邪佞的臣子吗？”那人回答说：“臣住在民间，不能确知哪个人是佞臣。请陛下假装发怒，以用来试验群臣，如果能不惧怕陛下的雷霆大怒，仍然直言进谏的，就是忠诚正直的人；如果顺随旨意，阿谀奉承的，就是奸邪谄佞的人。”

这个人的办法看来非常聪明，但是太宗对他说：“流水的清浊，在于水源。国君是政令的发出者，就好比是水源，臣子百姓就好比是水。国君自身伪诈而要求臣子行为忠直，就好比水源浑浊而希望流水清澈一样，这是不合道理的。我常常因魏武帝曹操为人诡诈而特别鄙视他，如果我也这样，怎么能教化百姓？”

于是，太宗对上书劝谏的人说：“我想在天下伸张信义，不想用伪诈的方法破坏社会风气。你的方法虽然很好，不过我不能采用。”

不管对谁，都需诚心诚意地对待，才能够迎来别人的信任。而不是通过一些看似聪明的障眼法，来试探对方。因为这样做一方面有被识破的危险，如果这样的做法被别人利用，趁机表现，只会让自己陷入被动、是非颠倒的境地；另一方面，当自己都失去了诚意的时候，就不可能再要求别人真心实意。

事情成功与否，取决于有多大的诚意。真诚，乃为人的根本。如果你是一个真诚的人，人们就会了解你、相信你，不论在什么情况下，人们都知道你不会掩饰、不会推托，都知道你说的是实话，都乐于同你接近，因此也就容易获得好人缘。

以诚待人处事，能够架起信任的桥梁，能够消除猜疑、戒备的心理，能够成大事，立大本。

清水芙蓉，纯然初心

心即理。没有私心，就是合于理。不合于理，就是存有私心。如果把心和理分开来讲，大概也不妥当。

——王阳明箴言

王阳明在回复顾东桥的来信时说，诚是心的本体，恢复心的本体，就是思诚的功夫。心的本体就是最本真，不矫揉造作，不过分修饰。就是永远保持“初心”，不受外界环境影响，光明磊落、坦白纯洁，永远长新。

“初心”是这个世界的原始本色，没有一点功利色彩。就像花儿的绽放，树枝的摇曳，风儿的低鸣，蟋蟀的轻唱。它们听凭内心的召唤，是本性使然，没有特别的理由。

诗人李白云：清水出芙蓉，天然去雕饰。如果一个人去除了机心，还生活本来面目，不刻意追求什么，他就能像李白诗中那朵出水的芙蓉一样，美丽、洁白而无瑕。

王阳明主张心就是理，二者本来就是一体的，除去人的私心，就是符合天理。对于这一点，人们很难认识到，或者即使认识了也很难从心底接受，以至于总是执著于自己的一腔信念，却不知这个想法已经错了。这种自以为是的聪明，反而会成为算不清的糊涂账，还不如像王阳明说的，去除杂质，于单纯中得正道。

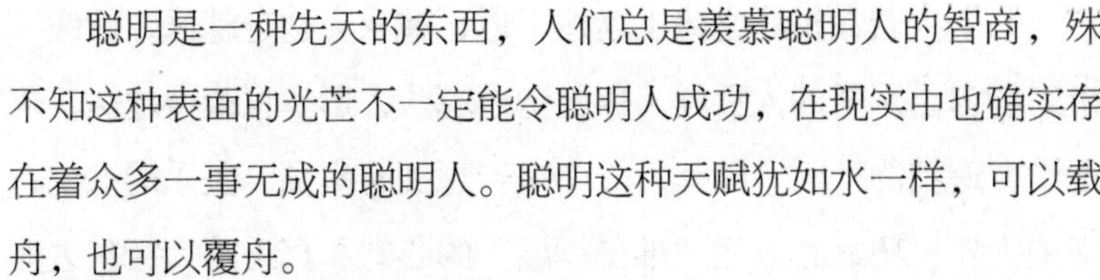

聪明是一种先天的东西，人们总是羡慕聪明人的智商，殊不知这种表面的光芒不一定能令聪明人成功，在现实中也确实存在着众多一事无成的聪明人。聪明这种天赋犹如水一样，可以载舟，也可以覆舟。

苏轼在其《洗儿》一诗中这样写道："人皆养子望聪明，我被聪明误一生。唯愿孩儿愚且鲁，无灾无难到公卿。"苏轼对于自己一生因聪明而受的苦真是刻骨铭心，以至于希望自己的儿子愚蠢一点，躲避各种灾难。聪明本是天生禀赋，但机关算尽却是人的痛苦之源，这正是聪明人苏轼对后来人的忠告。

才智也有困窘的时候，神灵也有考虑不到的地方。正所谓难得糊涂：聪明难，糊涂难，由聪明而转入糊涂更难。摒弃小聪明方才显示大智慧，除去矫饰的善行方能使自己真正回到自然的善性。机关算尽太聪明，结果未必是好的。

孔子的徒弟子贡从南方的楚国返回晋国，经过汉水南岸时，看见一位老人在菜园中劳动。这位老人凿通一条地道到井边，抱着瓮装水过来灌溉，费了很大的劲，效果却很差。

子贡说："现在有一种机械，每天可以浇灌一百块菜园，用力很小而效果很好，老人家不想要吗？"

种菜老人抬起头来看着子贡说："怎么做呢？"

子贡说："削凿木头做成机器，后面重前面轻，提水就像抽引一样，快得像沸水流溢。这种机械叫做槔。"

种菜老人面带怒容，讥笑子贡说："我听我的老师说：'使用机械的人，一定会进行机巧之事；进行机巧之事的人，一定会生出机巧之心。机巧之心存于心中，就无法保持纯净状态；无法保持纯净状态，心神就会不安宁；心神不安宁，是无法体验大道的。'所以，我不是不懂得使用机械，而是因为觉得羞愧才不用的。

子贡满脸羞愧，低着头不说话。

一个人若在机巧之路上迷途不返，就只会越走越远，就像一个追赶自己影子的人那样，自己跑得越快，影子也跑得越快，永远没有追到的一天。因此，一个人若想拥有幸福、快乐的人生，必须去除机巧之心，用“难得糊涂”的心态和真正的大智慧去面对生活中的点滴。

众所周知，在音乐的世界中，技巧很重要，但并不是最重要的，过多的花哨技巧只会减弱情感的表达。人生也是如此，人人都玩弄聪明才智，只会让世界繁杂凌乱，绝圣弃智，才能朴实安然地生活。

我们存在于这个世界上，虽然由于各种各样的因素，不能完全去除机心，但也要尽量减少机心。去除了机心，人就能保持内心的宁静，就能显现出天真烂漫的情怀来。

第五章

畅达时不张狂，挫折时不消沉

常在静处，谁能差遣我

万象森然时，亦冲漠无朕；冲漠无朕，即万象森然。冲漠无朕者。

——王阳明箴言

“非宁静而无以致远。”诸葛武侯如是说。静是什么？是泰山崩于前而色不变，是大胸襟，也是大觉悟，非丝非竹而自恬愉，非烟非茗而自清芬。

如何才能进入静的境界？王阳明给出了一种答案：不要轻易起心动念。常人之所以和圣人有分别，完全因为起心动念。因此，万事万物呈现在心中的时候，寂然无我；而当达到了寂然无我的境界时，万事万物自然也会呈现在心中。心静则万物莫不自得，心动则事象差别现前，如此才能达到动静如一的境界。

紧张和焦灼的生活，很难让人品味到静的清芬与恬愉，甚至会渐渐浮躁起来，可是浮躁往往不利于事情的发展。因此，与其让浮躁影响我们正常的思维，不如放开胸怀，静下心来，默享生活的原味。毕竟唯有宁静的心灵，才不营营于权势显赫，不奢望金银成堆，不乞求声名鹊起，不羡慕美宅华第，因为所有的营营、奢望、乞求和羡慕，都是一厢情愿，只能加重生命的负荷，

加速心灵的浮躁，而与豁达康乐无关。

谢安乃晋朝名臣。晋简文帝时，权臣桓温想要简文帝禅位给他，简文帝死后，谢安等人趁他不在京都，马上立太子做了皇帝。桓温气急败坏，于是在宁康元年（公元373年）二月，亲率大军，杀气腾腾地回兵京师，向谢安问罪，并欲趁机扫平京城，改朝换代。眼见朝廷上下，人心惶惶，新帝司马曜也不得不下诏让吏部尚书谢安和侍中王坦之到新亭迎接桓温。

二月的京城，春寒料峭，桓温的到来更给这里增添了一派肃杀气象。桓温到来时，百官都去迎接。文武百官纷纷跪拜在道路两旁，甚至连抬头看一眼威风凛凛从眼前经过的桓温的勇气都没有，这里面也包括那些有地位有名望的朝廷重臣。但谢安除外，他面对四周杀气腾腾的卫兵，他先是作了一首咏浩浩洪流的《洛生咏》，然后才从容地说：“我听说诸侯有道，就会命守卫之士在四方防御邻国的入侵。明公入朝，会见诸位大臣，哪用得着在墙壁后布置人马呢？”桓温一下子被他镇住了，于是赶忙赔笑说：“正因为不得已才这样做呀！”他连忙传令撤走兵士，笼罩在大家中间的紧张气氛一下子消除了。

接下来，他又摆酒设馔，与谢安两人“欢笑移日”，在这欢笑声中，东晋朝廷总算度过了一场虚惊。

“泰山崩于面前而不惊”，如此的定力不是每个人都有的。谢安曾经在桓温的手下做事，面对这个杀气腾腾的上级，要想保持镇定，不仅需要在气势上胜过他，更要在内心上胜过他。可以说，谢安能够在桓温面前安然自在，是因为他自己保持了内心的宁静，在气势上胜过了桓温。

王阳明良知的哲学思想中包含这样一层含义，即良知是生命本源的一种知觉。宁静作为一种功夫它的意义就在此，它能够减去压在良知表面上的重物。宁静是一种气质、一种修养、一种境界、一种充满内涵的悠远。安之若素，沉默从容，往往要比气急

败坏、声嘶力竭更显涵养和理智。

其实，真的不需太急功近利，不如将心跳放缓，随青山绿水而舞，见鱼跃鸢飞而动。水流任急境常静，花落虽频意自闲。把心常放在静处，荣辱得失，哪一样能够左右我？

不动心，不烦恼

心之本体，原自不动

——王阳明箴言

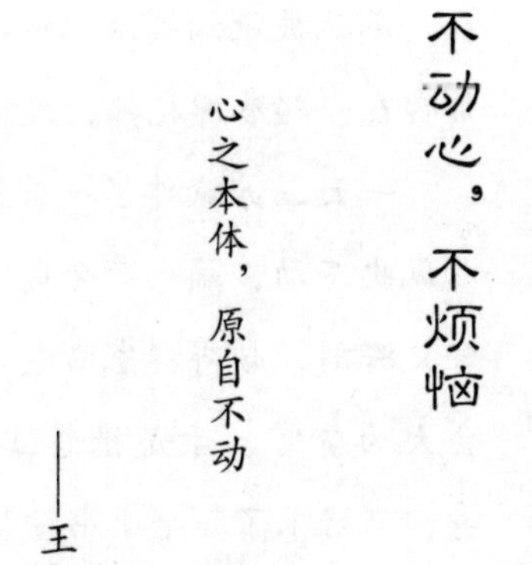

在平定叛乱后，面对世风日下的现实，王阳明感慨道：“破山中贼易，破心中贼难。”“心中之贼”便是“私欲”，私欲是一切万恶的源头。他认为一个人持有什么样的心态，就可能成为什么样的人，也就会拥有一个什么样的人生。

世间的事，纷至沓来，只有做到不动心，才能得到真正超然物外的洒脱。王阳明认为，心的本体，原本就是不动的。心不动，即便有三千烦恼丝缠身，亦能恬静自如。这就好比，同样多的事情，有人为世事所叨扰，忙得焦头烂额，有人却能泰然自若地悉数处理完毕，生活的智者总是懂得在忙碌的生活之外，存一颗闲静淡泊之心，寄寓灵魂。后者虽因忙碌而身体劳累，却因为时时有着一颗清静、洒脱而无求的心，便很容易能找到自己的快乐。

苏轼是古代名士，既有很深的文学造诣，同时他的思想中也兼容了儒释道三家对生命的理想，而有时候，他也不能真正领悟到心定的感觉。

苏轼被贬谪到江北瓜洲时，和金山寺的和尚佛印相交甚多，常常在一起参禅礼佛，谈经论道，成为非常好的朋友。

一天，苏轼作了一首五言诗：“稽首天中天，毫光照大千；八风吹不动，端坐紫金莲。”作完之后，他再三吟诵，觉得其中含义深刻，颇得禅家智慧之大成。苏轼觉得佛印看到这首诗一定会大为赞赏，于是很想立刻把这首诗交给佛印，但苦于公务缠身，只好派了一个小书童将诗稿送过江去请佛印品鉴。

书童说明来意之后将诗稿交给了佛印禅师，佛印看过之后，微微一笑，提笔在原稿的背面写了几个字，然后让书童带回。

苏轼满心欢喜地打开了信封，却先惊后怒。原来佛印只在宣纸背面写了两个字：“狗屁！”苏轼既生气又不解，坐立不安，索性搁下手中的事情，吩咐书童备船再次过江。

哪知苏轼的船刚刚靠岸，却见佛印禅师已经在岸边等候多时。苏轼怒不可遏地对佛印说：“和尚，你我相交甚好，为何要这般侮辱我呢？”

佛印笑吟吟地说：“此话怎讲？我怎么会侮辱居士呢？”

苏轼将诗稿拿出来，指着背面的“狗屁”二字给佛印看，质问原因。

佛印接过来，指着苏轼的诗问道：“居士不是自称‘八风吹不动’吗？那怎么一个‘屁’就过江来了呢？”

苏轼顿时明白了佛印的意思，满脸羞愧，不知如何作答。

身在人世操劳一生，却能心安身安，这着实是一件不容易实现的事。这需要我们转换对生活的态度，持一颗清静的心，带着激情去生活，不生是非分别，不起憎爱怨亲，才能够安稳如山，自在如风。

世上本无事，庸人自扰之。王阳明说人人都具有心力，大凡终日烦恼的人，实际上并不是遭遇了多大的不幸，而是自己的内心对生活的认识存在片面性，心无力而已。真正聪明的人即使处

在烦恼的环境中，也能够自己寻找快乐。

在忙碌、纷扰的生活外保持一颗清静的心，这是每一个人必须谨记在心的真理。人的心灵就是一方广袤的天空，它包容着世间的一切；心灵是一片宁静的湖水，偶尔也会泛起阵阵涟漪；心灵是一块皑皑的雪原，它辉映出一个缤纷的世界。心中有青山，就算是忙，也永远是“气定神闲的忙”。

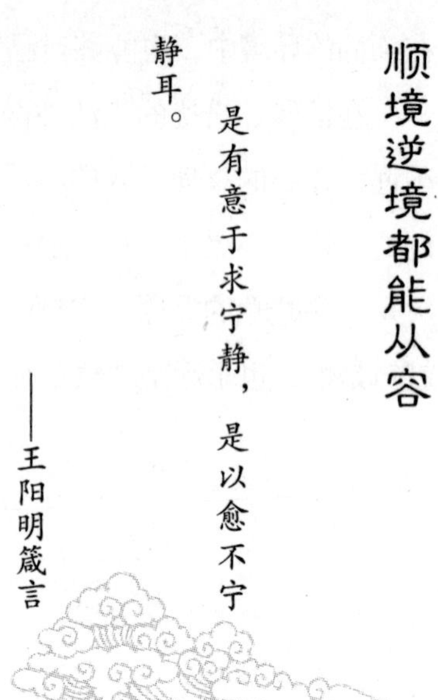

顺境逆境都能从容

是有意于求宁静，是以愈不宁静耳。

——王阳明箴言

生活充满了种种偶然与不测，很多人的心情都容易因此受到影响，使得精神无时无刻不在忐忑不安之中。而要沉着冷静地去面对，则需如王阳明所说的涤荡内心。不管是顺境还是逆境，都要静心不动。

静心即净心。平常人想要净心的时候，往往习惯于用理性去控制，但这样做的结果可能适得其反，告诉自己：“不能动心，不能动心”，这个时候心已经正在动了。提示自己“心不能随境转”，这个时候心已经转了。王阳明说，有意去找寻宁静，这个时候已经不宁静了。真正的净心不是特意去控制它，也不是刻意去把握它。什么时候都知道自己的心，心自然而然就不动了。心不动了，人就不会为外界的诱惑所动从而净化自身。

仰山禅师有一次请示洪恩禅师道：“为什么吾人不能很快地认识自己？”

洪恩禅师回答道：“我给你说个譬喻，如一室有六窗，室内有一猕猴，蹦跳不停，另有五只猕猴从东西南北窗边追逐猩猩。

猩猩回应，如是六窗，俱唤俱应。六只猕猴，六只猩猩，实在很不容易很快认出哪一个是自己。”

仰山禅师听后，知道洪恩禅师是说吾人内在的六识（眼、耳、鼻、舌、身、意）和追逐外境的六尘（色、声、香、味、触、法），鼓噪繁动，彼此纠缠不息，如空中金星蜉蝣不停，如此怎能很快认识哪一个是真的自己？因此便起而礼谢道：

“适蒙和尚以譬喻开示，无不了知，但如果内在的猕猴睡觉，外境的猩猩欲与它相见，且又如何？”

洪恩禅师便下绳床，拉着仰山禅师，手舞足蹈似地说道：

“好比在田地里，防止鸟雀偷吃禾苗的果实，竖一个稻草假人，所谓‘犹如木人看花鸟，何妨万物假围绕’？”

仰山终于言下契入。

为什么人最难认清自己呢？主要是因为真心被掩盖了。就像一面镜子，布满灰尘，就不能清晰地映照出物体的形貌。真心没有显现出来，妄心就会影响人心，时时刻刻攀缘外境，心猿意马，不肯休息。

心不动才能真正认清自己，遇到顺境不动，遇到逆境也不动，不受任何外在的影响。现代人的状况大多相反，遇到顺境的时候高兴得不得了，遇到逆境的时候痛苦得不得了，这就带来许多痛苦。其实，我们遇到的任何外境都一样，如果我们能够了解这一点，就不会被六尘所诱惑，也不会被六识所蒙蔽。

实际上，顺境跟逆境不过是一体两面而已，一个是手背，一个是手心。顺境时得意忘形，逆境时失意忘形，都是不对的，换句话说，是心有所住。有所住，就被一个东西困住了，就得不到解脱。要想真正解脱，并不是去崇拜偶像，也不是迷信权威，而是要心无所住，心不为动。这样，面对任何事情，物来则应，过去不留。

外面再美的景致，也无法使我们的心得到真正的休息，反

而白白浪费掉精力。王阳明启示我们，把浑浊、动荡的心澄清。不要刻意去欢喜、悲伤。就好像看一池生长于污泥中的荷花，池边的观赏者有人欢喜有人忧，可是一池的荷花却在那里，不动，不痴，也不染，荷花只是荷花。人如果也能像荷花一样，不被外物牵绊，活出真我，心便能回归寂静，生活也就不会被境遇随意差遣。

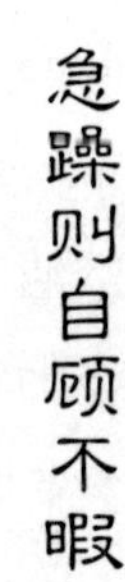

急躁则自顾不暇

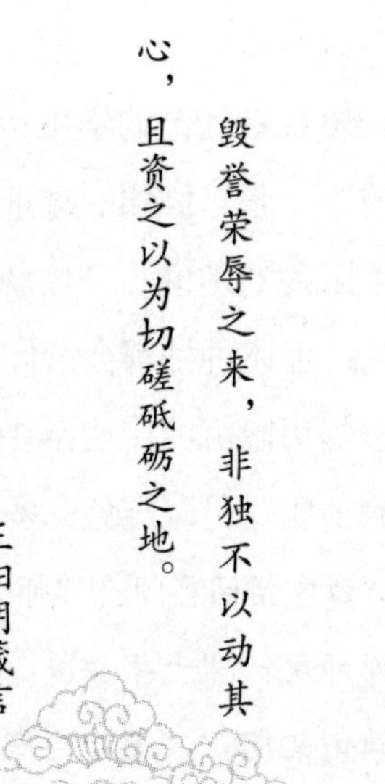

毁誉荣辱之来，非独不以动其心，且资之以为切磋砥砺之地。

——王阳明箴言

浮躁，是轻浮急躁的意思，它往往是造成人们做事目的与结果不一致的常见的原因，一味地追求效率和速度，做起事来既无准备，也无计划，只凭一时的心血来潮就动手去做，恨不能一日千里、一蹴而就，但却往往事倍功半，其结果只能与理想背道而驰。王阳明讲求不动心，也就是戒“躁”的意思。他十分不赞同浮躁的心，认为只要静下心来努力去做，就没有做不到的事情。

很多时候，我们的内心都为外物所遮蔽、掩饰，浮躁的心情占领了我们的整颗心，因此在人生中留下许多遗憾：在学业上，由于我们还不会倾听内心的声音，所以盲目地选择了别人为我们选定的、他们认为最有潜力与前景的专业；在事业上，我们故意不去关注内心的声音，在一哄而起的热潮中，我们也去选择那些最为众人看好的热门职业；在爱情上，我们常因外界的作用扭曲了内心的声音，因经济、地位等非爱情因素而错误地选择了爱情对象……我们惯于为自己作各种周密而细致的盘算，权衡着可能有的各种收益与损失，但是，唯一忽视的，便是去听一听自己内

心的声音。

一位长者问他的学生：你心目中的人生美事为何？学生列出“清单”一张：健康、才能、美丽、爱情、名誉、财富……谁料老师不以为然地说：“你忽略了最重要的一项——心灵的宁静，没有它，上述种种都会给你带来可怕的痛苦！”

宁静可以沉淀出生活中许多纷杂的浮躁，过滤出浅薄粗率等人性的杂质，可以避免许多鲁莽、无聊、荒谬的事情发生。

一位学僧问禅师：“师父，以我的资质多久可以开悟？”

禅师说：“十年。”

学僧又问：“要十年吗？师父，如果我加倍苦修，又需要多久开悟呢？”

禅师说：“得要二十年。”

学僧很是疑惑，于是又问：“如果我夜以继日，不休不眠，只为禅修，又需要多久开悟呢？”

禅师说：“那样你永无开悟之日。”

学僧惊讶道：“为什么？”

禅师说：“因为你只在意禅修的结果，又如何有时间来关注自己呢？”

禅师是意思是在劝诫学僧，凡事切不可急。的确，想要成就一番伟业，关键在于戒除急躁，能够真正静下心来做好每件事，你越是急躁，就会在错误的思路中越陷越深，也就越难摆脱痛苦。

王阳明从小就显现出了他的不凡，少时钻研佛、老思想，上下求索，却终究没能解决他对人生的态度问题。直至中年之时，贬谪贵州龙场，回到儒学当中来，才算真正有所悟。“欲速则不达”，由于之前的探索，下苦功，最后才获得了一定的成就。

当今很少有人能做到王阳明这样，也许当前更多人信奉的是：“随主流而不求本质。”在追求的过程中丧失了自己的目的

性，不追求最根本的目的，转而追求一些形式上的成功，正如一句话中所说，瞬间的成就可以使人获得短暂的名利，但如果谈起永恒，无非只是皮毛之举。如果我们要想真正去成就一番事业，就必须静下心来，脚踏实地，摆脱速成心理的牵制，戒除急躁，明确最根本的目的，一步一个脚印地走下去。

有一个人，肚子饿了，到饼店去买煎饼吃。他一连吃了六个，觉得还是不饱，就再买第七个吃，刚吃了半个，就觉得很饱了。这时候，他心中很懊悔，用手打着自己的嘴巴说道：“我是这样的愚痴不知节约，如果早知道后头的半个煎饼能吃饱，那么我只要买这半个煎饼就是了，前头的六个煎饼不是多吃了吗？”

人要经过苦难、磨炼才能有所成。不经历时间，不经过积累就渴望成功，正同那人吃饼的痴想一样不可能实现。世间美好的东西实在多得数不过来。我们总是希望得到太多，让尽可能多的东西为自己所拥有。生命常在拥有和失去之间流走。拥有时加倍珍惜，失去了，就权当是接受生命的考验，权当是坎坷生命的奋斗诺言。拥有诚实就会弃了虚伪；拥有充实就会弃了无聊；拥有踏实就会弃了虚浮。人都应该有一个清醒的头脑、一颗清净的心。只有静下心来，戒除浮躁才能成功。因此，无论外界怎样，我们都应该随时提醒自己千万不要有一丝一毫的浮躁，只有认认真真、踏踏实实才是处世之道。事有急之不白者，缓之或自明，毋急躁以速其戾。

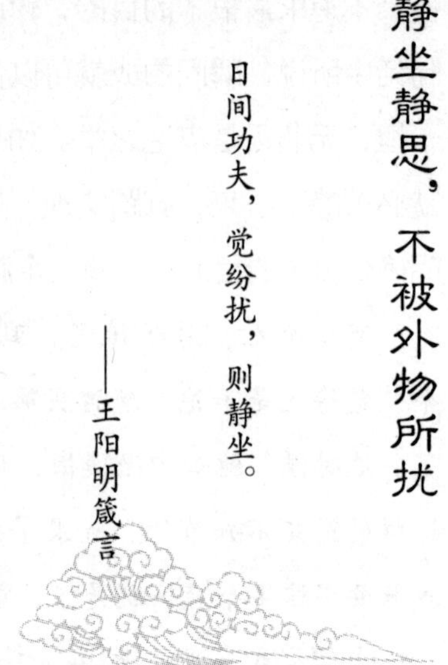

静坐静思，不被外物所扰

日间功夫，觉纷扰，则静坐。

——王阳明箴言

在纷乱的社会生活中，人们常常感到不安。对此，王阳明建议学习静坐，闭上眼睛去养神。养着养着，外在的喧嚣和热闹都消失了，随即便发现了心灵内在更为美好的境界。

“独坐禅房，潇然无事，烹茶一壶，烧香一炷，看达摩面壁图。垂帘少顷，不觉心静神清，气柔息定，蒙蒙然如混沌境界，意者揖达摩与之乘槎而见麻姑也。”这是《小窗幽记》给人们阐述的一个幽静、美妙的意境：独自坐在禅房中，清爽而无事，煮一壶茶，燃一炷香，欣赏达摩面壁图。将眼睛闭上一会儿，不知不觉中，心变得十分平静，神智也十分清静，气息柔和而稳定。这种感觉，仿佛回到了最初的混沌境界，就像拜见达摩祖师，和他一同乘着木筏渡水，见到了麻姑一般。

人只有心静下来的时候，才能够观照到自己的本来面目。就好像波浪迭起的时候，我们无法看到水底的情况；只有当水平波静的时候，我们才能看到清澈的水底。所以，静坐是人们放下心外一切的有效方法。

静坐是指放松入静，排除杂念，呼吸自然，一切的一切主要是为了让一个人变得安静，变得能感觉到自己的存在，然后一直变到忘我之境。静坐可以让一个人的身体保持内外的平衡，也利于提升自己的心灵境界。一个人若能在嘈杂中感悟宁静，也就达到了人生快乐的极高境界。

有四个人聚在一块进行一项“不说话”的训练，以此考验自己的定力。四个人当中，有三个人的定力较高，只有一个人定力较弱。由于是在晚上，要时常为灯添油，所以四人商量过后，管灯的工作就由定力最弱的那个人负责。

“不说话”开始后，四个人就围绕着那盏灯静坐。几个小时过去了，四个人都默不作声。

油灯中的油越燃越少，眼看就要枯竭了，负责管灯的那个人，见状大为着急。此时，突然吹来一阵风，灯火被风吹得左摇右晃，几乎就要灭了。

管灯的人实在忍不住了，他大叫说：“糟糕！火快熄灭了。”

其他三个人，原来都闭目静坐，始终没说话，听到管灯的那个人的喊叫声，有一个人立刻斥责他说：“你叫什么！我们在做‘不说话’，不能开口说话。”

又有一个人闻声大怒，他骂第二个人说：“你不也说话了吗？太不像样了。”

第四个人始终沉默静坐。可是过了一会儿，他就睁眼傲视其他三个人说：“只有我没说话。”

到达心灵的宁静境界实属不易，如果还要在宁静的境界里感悟人生的奔腾则是难上加难。因为外物的嘈杂难敌内心的安宁，但是环境的安宁却不容易让人兴奋。当人们被静谧所吞没的时候，是兴奋不起来的，因此在宁静中让自己的内心变得活力四射就显得更难得。

人当心如止水，但是止水并不是死水，所谓静止只是相对的

状态，人生往往是宁静里波涛汹涌，那些最平淡的事情里面往往酝酿着最为激烈的革命。一个人如能做到在宁静中感悟奔腾，就已到达心灵的至高境界。

静虑息欲致良知，这个办法是王阳明说知行合一时提出的办法，当人们万分疲惫的时候，只需静坐下来，闭上眼睛，打开心眼去看你内心存在的那个世界，疲劳也就渐渐消退，祥和空灵的境界随之而来。

身处喧嚣尘世，我们也要独自静处在禅房之中，清静无为，摆脱了尘世的喧扰，焚烧上一炷好香，烹煮上一壶清茶，慢慢地品味着妙道的清香。然后面对着达摩祖师坐禅，静坐闭目，心自澄明，朦胧中和达摩祖师相会，共话禅意，哪里还记得这俗世的烦恼呢?

人前贵不如内心安

欲求宁静欲念无生，此正是自私自利、将迎意必之病，是以念愈生而愈不宁静。

——王阳明箴言

“人皆可以为尧舜。”孟子就曾这样鼓励过芸芸众生。每个人只要一心成圣，圣道自会到来。要知道，圣人的本性和我们普通人的本性并没有什么不同，我们同是来自宇宙的生命，同以宇宙为根本。我们拿矿石与金子来比喻，圣人就像那由金矿中提炼出来的金子，而我们还是那包容许多杂质的矿石。倘若我们也能够把自己心性中的杂质炼去化掉，就会像圣人一般成为那珍贵的金子。

王阳明在回复陆原静的信中说，有欲念本身就是一种自私自利的表现。越想寻求宁静，宁静则不生，越想追求财富，财富则不得。任何事物都有一个随性、积淀的过程，强求反而会失去。

孔子的弟子子夏在鲁国做了官，有一天回来向孔子请教，孔子对他说：“无欲速，无见小利。欲速则不达，见小利则大事不成。”这里孔子是要告诉子夏为政的原则，就是要有远大的理想。人们做事不要只讲究快，不要只图眼前小利，如果只图快，结果反而达不到目的；只图小利，就办不成大事。说明做事不能

只图快不求好，急于求成反而干不好事。

一个重视心灵修养和成长的人，对待外物应该拥有一种豁达的态度。事物本身有它发展的规律，有些事情人力根本无法改变，这个时候需要的是超脱些，这样心灵才能得到恒久的自由。

从前，有个年轻的农夫和情人相约在一棵大树下见面。他性子急，很早就来了。虽然春光明媚，鲜花烂漫，但他急躁不安，无心观赏，颓丧地坐在大树下长吁短叹。

忽然他面前出现了一个小精灵。“你等得不耐烦了吧！”精灵说，“把这个纽扣缝在衣服上吧。要是遇上不想等待的时候，向右旋转一下纽扣，你想跳过多长时间都行。”

农夫高兴得不得了，握着纽扣，轻轻地转了一下。啊！真是奇妙！情人出现在他的眼前，正含情脉脉地凝望着他呢！要是现在就举行婚礼该有多棒啊！他心里暗暗地想着。他又转了一下，隆重的婚礼、丰盛的酒席出现在他的面前；美若天仙的新娘依偎着他；乐队奏响着欢快的音乐，他深深地陶醉其中。他看着美丽的新娘，又想，如果现在只有我们俩该多好！不知不觉中纽扣又转动了一点，立刻夜深人静……

他心中的愿望层出不穷：还要一所大房子，前面是自己的花园和果园。他转动着纽扣，还想要一大群可爱的孩子。顿时，一群活泼健康的孩子在宽敞的客厅里愉快地玩耍。他又迫不及待地将纽扣向右转了一大半。

时光如梭，还没有看到花园里开放的鲜花和果园里累累的果实，一切就被茫茫的大雪覆盖了。再看看自己，须发皆白，早已经老态龙钟了。

他懊悔不已：我情愿一步步走完一生，也不要这样匆匆而过，还是让我耐心等待吧！扣子猛地向左转动了，他又在那棵大树下等着可爱的情人。他的焦躁烟消云散了，心平气和地看着蔚蓝的天空。原来，人生不能跳跃着前行，耐心等待才能让生命的

历程充满乐趣。

如年轻的农夫一样，我们每个人都渴望快速拥有自己想要的东西，所以很多人都产生了投机取巧的浮躁心理，一心急，事情只会越做越糟，最后的结果往往是欲速而不达。

王阳明做官立功，虽然身处荣华富贵，但是却能从中超然而出，不为名利所牵累。在他的眼里，金银珠宝和土粒，华丽服饰和破棉袄，美味佳肴和野菜，富丽堂皇的房子和穷庐草屋，没有任何区别。

人之所以有烦恼，就是因为有太多的欲望，有太多的执著。整天想着名、色等身外之物，并想方设法要快速地拥为己有。于是，人生就在这样一种贪欲的火堆上煎熬着。

古人云："无欲之谓圣，寡欲之谓贤，多欲之谓俗。"芸芸众生之中，世俗之人众多，圣人寥寥无几。我们之中的大部分人因为被欲望所牵制，追求名利地位，便在那滚滚红尘中挣扎，在无穷的世事中流转，以致利令智昏而心灵蒙昧，无法静下心来面对自己真实的生命。在欲望的沼泽中，他们愈陷愈深，终于遭遇灭顶的灾难。被欲望纠缠的心灵，怎么能发现自己真正的本来面目？

"清清净净一灵光，刹刹尘尘不覆藏，万万千千都失觉，多多少少弗思量，明明白白无生死，去去来来不断常，是是非非如昨梦，真真实实敢承当。"佛学大师慧经禅师用这首偈告诫人们要保持洁净的心胸，无私无念，不再贪婪，也就不再会被牵制。当你从如梦的人生中清醒过来，不再为自己的利益而执著于世间一切华而不实的东西，静心无为，你就已经得圣人气象了。

第六章

苦是乐的源头，乐是苦的归结

活在生命的苦乐之中

哑子吃苦瓜，与你说不得。你要知此苦，还须你自吃。

——王阳明箴言

生活的波浪在高峰时，人即显得快乐，在低谷时，人便显得痛苦。而波浪永远都是忽高忽低，没有永恒的上扬，也没有永恒的下落，所以人生是痛苦与快乐交织并行，二者相伴相生，既矛盾又联系。所谓“没有痛苦也就无所谓快乐”，就是告诉我们要正确对待人生的苦乐。

王阳明28岁举进士，之后他担任过刑部主事、兵部主事。正当他要为朝廷出力的时候，政治劫难降临到他头上。正德元年（1506），因营救南京科道戴铣、薄彦徽等人，王阳明抗疏，触犯了擅权太监刘瑾，被罚廷杖，因此下狱，后被贬谪到贵州龙场做驿丞。在赴任的路上，刘瑾又派人跟踪追杀。王阳明侥幸逃过一死，之后他又乘坐一只商船去舟山，却不料遭遇台风，船漂流至福建的武夷山。王阳明本想隐居在武夷山，却又担心刘瑾找父亲麻烦，于是他到南京探望父亲之后，便辗转到达龙场。

逆境对个人的发展不利，但是却能磨砺人的意志，使之由脆弱变得坚强，变得有韧性。王阳明历经了磨难，心性比以前更坚

强了。他开始了解群众疾苦，为生民立命，在艰苦的环境中磨砺自己，最终构建了心学理论的大厦。

其实，从长远来看，挫折和失败才是人生最宝贵的精神财富。没有苦中苦，哪有甜中甜？正如哈密瓜比蜜还要甜，人们吃在嘴里乐在心上；苦巴豆比难吃的中药还要苦。然而，种瓜的老人却告诉我们：哈密瓜在下秧前，先要在地底下埋上半两苦巴豆，瓜秧才能茁壮成长，结出蜜一样的果实来。

苦是乐的源头，乐是苦的归结。“不经风霜苦，难得腊梅香”，成功的快乐，正是经历艰苦奋斗后产生的。吃得苦中苦，方为人上人。古人“头悬梁，锥刺股”，苦则苦矣，但他们下苦功实现上进之志，本身就是一种快乐，以苦为乐，苦中求乐，其乐无穷。

人生就是一段航程，在人生之船上，我们可能经历波涛汹涌，也会感受风平浪静。喜悦和幸福伴随在航行的途中，苦难和挫败也是航程中的一部分，只有经历过航行中的所有感觉，人生才会完整。然而，在“痛饮人生的满杯”的过程中，悲苦从来都是无法逃避的，多苦少乐是人生的必然。

有一群弟子要出去朝圣。师父拿出一个苦瓜，对弟子们说：“随身带着这个苦瓜，记得把它浸泡在每一条你们经过的圣河，并且把它带进你们所朝拜的圣殿，放在圣桌上供奉，并朝拜它。”

弟子朝圣走过许多圣河圣殿，并依照师父的教言去做。回来以后，他们把苦瓜交给师父，师父叫他们把苦瓜煮熟，当作晚餐。晚餐的时候，师父吃了一口，然后语重心长地说：“奇怪呀！泡过这么多圣水，进过这么多圣殿，这苦瓜竟然没有变甜。”弟子听了，好几位立刻开悟了。

苦瓜的本质是苦的，不会因圣水圣殿而改变；人生是苦的，修行是苦的，由情爱产生的生命本质也是苦的，这一点即使是圣人也不可能改变，何况是凡夫俗子！去看过著名油画大师凡·高

的故居的人都知道，那里只有一张裂开的木床和一双破皮鞋。凡·高一生潦倒困苦，没有娶妻，但也许正是生活上的困窘，帮他达到了在艺术上的造诣，使他成为大师中的大师，使他的作品成为经典中的经典。

对待我们的人生与修行也是这样的，时时准备受苦，不是期待苦瓜变甜，而是真正认识那苦的滋味，这才是有智慧的态度。苦瓜本来就是苦瓜，是连根都苦的。这是一个苦瓜的实相、真相。变甜只是我们虚幻的期待而已，唯有真正面对事物的真相，我们才能从中解脱。所有的事情都是当下去面对它、解决它。

圆满的人生并不是一辈子没有吃过苦、没有失过恋，而是经历过、体验过、面对过那苦的滋味、超越那苦的感觉。苦与乐是生命的盛宴，是生命的波峰波谷，高低起伏，因而才会波澜壮阔，滋味浓厚。

当我们接纳苦，把苦视为人生的必然历程时，苦便不再是世俗的“苦”。同样，接受乐，把乐当作生命的历程，乐也不再仅仅是世俗的“乐”。去享受生命的盛宴，享受所有的高潮与低谷，活在生命的苦乐之中，由此生命的乐趣便已被我们掌握在手中。

面对成败淡定处之

譬如行路的人，遭一蹶跌，起来便走，不要欺人做那不曾跌倒的样子出来。

——王阳明箴言

辉煌与低谷、成功与失败都只是人生的一段旅程。今天的辉煌不代表日后的成功，今天的低谷也不能代表日后的失败。正是这一段段不同的旅程才成就了此时此刻的我们，塑造着以后的我们。然而在低谷和辉煌、失败和成功转化的过程中，每个人的人生航线都会发生转折，而每一个转折都需要我们从容面对，淡然处之，勇敢地开启下一段旅程。

贬谪龙场是王阳明人生的一次重大转折。他没有逃避，也没有自暴自弃，而是思考儒佛道思想，于艰难的生命波涛中寻找立身之本。他针对程朱理学越来越脱离人的生命而知识化、外在化的倾向，尤其是其末流暴露出来的支离破碎的弊病，以更加简易直截了当的功夫与“先立乎其大”的入手方法，开辟了另一条与朱子不同的成德之学，拓宽了主体自立自主的精神价值世界，展示了道德自律与人格挺立的实践精义及具体路径。

转折是我们每个人都必须面对的。如意或不如意，起决定作用的，并不是人生的际遇，而是思想的瞬间；成功或不成功，有

时候也不是由个人的努力所决定，而是取决于意念的转换。当生活与感情皆陷入泥潭，倘若连迈出下一段旅程的勇气都没有了，那岂不是自讨苦吃，苦上加苦吗？

一个秀才模样的人悠闲地走在满是尘土的路上，这个秀才背着诗词，摇着脑袋，满是惬意。

秀才出门已经一年多了，他原先是进京赶考的，但是考场失利，名落孙山，在愁闷中度过了几个月的黑色时光，整日借酒消愁，以泪洗面。两个月前，他和几个朋友共游，与一老者相谈，秀才倒出了心中的苦闷，老人听后，说道："昨天早上与你说话的第一个人是谁？"

秀才回道："这个已经忘了。"

"那明天你会遇到什么人？"

"这个我哪里知道，明天还没来。"

"此时此刻，你面前有谁？"

秀才愣了一下，说："我面前当然是您啊。"

老人轻轻点头道："昨天之事已忘却，明日之事尚未来，能把握者唯在此刻，你又何必对过去之事耿耿于怀，因为明天不可知，昨日已过去，不如放下挂念，平淡对之，你并没失去什么，不过是重新开始。"

秀才瞪大双眼，等着老人继续说下去，他似乎听懂了老人话中的意思。

老人说道："既然又是新的开始，又何来执著于以前？如潺潺溪水，偶被沙石所阻，但其终究要汇入万里波涛。你可曾明白了？"

秀才微笑着点点头，此刻的他，已经有了新的打算。在京城办完了一些事情后，这个秀才告别朋友，踏上了回家的路途。他决定三年之后再考一次。

常人说，害怕失败，是因为想得太多，想得太多是因为情绪太盛。秀才考场失败后，人生顿觉颓唐，好在他及时醒悟——心境归于平淡，目标得以重新确立。在这个秀才身上，我们能看到的并不是放弃后的心如止水，两眼迷离，而是再度追逐后的豁然，因为这种豁然，不再对过去的遗憾耿耿于怀，不再对未知的将来作不肯定的畅想，心落在了此时此刻的“老人”面前，这个“老人”就是现在需要做的事以及如何将其做好。

成功和失败都是生活的转折点，每一个成功都是一个新的开始，每一次失败也都是为成功做准备。当面对成功与失败时，没有比迈出下一段旅程的勇气更重要的了，无论多么好的计划与机会，不往前迈一步，就永远都无法成功。

作家林贵真说：“生命是个橘子，自己决定了生命，就像你选择买了这个橘子，酸甜就要自己负责了。生命是个橘子，一瓣跟着一瓣，有时一瓣瓣是甜的，也有时是酸的，但也要亲自尝了才酸甜自知。”生命本是一段路，每一段旅程，都需要一个开始，都需要你自己去生活、去体验、去锻炼，去接受成功与失败。

事实上，成功者能够不断获取成功不在于他们有多高的智慧，而是在于他们无论成功还是失败都敢于往前迈一步，哪怕只是小小的一步，都是迈向成功的必经之步。王阳明在回答学生的问题时说，走路摔跤是正常的事，跌倒了便要起来继续走，不要做出一副从来没有跌倒过的样子，也不要站在原地不敢动。

在人生的过程中，可以累积小冒险、小失败、小挫折、小成功、小胜利，唯有小小的尝试，你才能让自己找到目标、找到方法。学习开始练习小步前进，体验小小的风险和小小的冒险，直到冒险的经验已够多，让你有信心去实践更大的梦想，到了那个时刻，你会认为更大的梦想只不过是稍微有点危险的一小步而已。绽放生命，需要你勇敢迈出下一段旅程。

耐得住等待，才能苦尽甘来

诸君只要常常怀个『遁世无闷，不见是而无闷』之心，依此良知，忍耐做去。

——王阳明箴言

面对无道昏君和奸佞小人，很多贤者要么选择迎面直对，要么选择委曲求全。然而王阳明却选择了等待。他并未向奸臣屈服，也没有速死以求解脱，他选择了坚持和忍耐。

王阳明一心为国，却忍受莫大屈辱。“何玄夜之漫漫兮，悄予怀之独结。严霜下而增寒兮，皦明月之在隙。风吸吸以憎木兮，鸟惊呼而未息。魂营营以惝恍兮，目窅其焉极！懔寒飚之中人兮，杳不知其所自。”“夜辗转而九起兮，沾予襟之如泗。”在这些诗句中能够看出王阳明内心之苦楚与郁结，自己一片衷心，却无人理解。“何天高之冥冥兮，熟察予之忠？”然而也正是这份等待和坚持，王阳明扼守着自己的良知，以平和心态执著于一份信念，最终在孤寂决绝中省悟：“圣人之道，吾性自足，向求理于事物者误也。”

欲成事业就要耐得住挫折和落寞，潜心静气，才能深入“人迹罕至”的境地，汲取智慧的甘饴，如果过于浮躁，急功近利，就可能适得其反，劳而无功。

《庄子·逍遥游》说：“北冥有鱼，其名为鲲。鲲之大，不知其几千里也；化而为鸟，其名为鹏。鹏之背，不知其几千里也；怒而飞，其翼若垂天之云。”北冥之鲲化身为鹏的过程虽然只是转瞬，但在此之前力量的累积却非一朝一夕能够完成。

“鲲化鹏”包含着两个方面：沉潜与腾飞。在人生的某个时刻，或是耽于年幼，或是囿于困境，都只能沉潜在深水之中，动都不要动，而一旦时机成熟，或自身储备了足够的能量，就能摇身一变，展翅腾飞了。

等待的目的是为了使自己能够安心地韬光养晦，更是为了有朝一日能够一怒而飞。这不禁令人想起了“不鸣则已，一鸣惊人”的典故。

春秋时代楚国著名的贤君楚庄王，少年即位，面对混乱不堪的朝政，为了稳住事态，他表面上三年不理朝政，声色犬马，实则在暗地里等待时机，旁人问他，他说：“三年不飞，飞将冲天；三年不鸣，鸣将惊人。”

果然，其后楚庄王励精图治。他在位的22年间，知人善任，整顿朝纲，兴修水利，重农务商，楚国国力日渐强盛，先后灭庸、伐宋、攻陈、围郑，陈兵于周郊，问鼎周王朝，成为历史上著名的春秋五霸之一。

楚庄王可谓“厚积薄发”的典型，他并不惧怕蛰伏期间的碌碌无为所招致的质疑与鄙夷，而是心平气和地选择了等待的姿态。事实上，人生绝大多数时间都是在蛰伏，在积蓄，在等待。这种淡然、平静的姿态并非无为，而是以一种示弱的、最不易引起警觉和敌意的状态为自己争取到一种好的氛围，让人能够在静如止水、乐山乐水的淡然中获取自己想要的东西。

“世上无难事，只怕有心人。”熬不过等待的人得不到幸福。那些不愿意在寂寞中充实自我、等待机遇的人，多数会成为

小打小闹的投机者。在一个著名的投机者的墓碑上写着这样的墓志铭："他曾经生活、投机、失败。"生活与商海一样，投机所得也会因投机而失去。故而，不如与等待为友，有了长长久久的等待，才会有精钢出鞘的绝响。

成功之路充满了崎岖和挫败，它不可能是畅通无碍的康庄大道。成功之途是崎岖曲折的，伟人所达到并保持着的高处，并不是一飞就能到达的，而是他们在同伴都歇着的时候，一步步艰辛地向上攀爬所至。

苦不入心，生命自有芳华

凡劳其筋骨，饿其体肤，空乏其身，行拂乱其所为，动心忍性以增益其所不能者，皆所以致其良知也。

——王阳明箴言

幸福之于人，就像尾巴之于狗，怎么转圈都咬不到，但是只要你向前走，它就会乖乖地跟在后面；苦恼之于人，像运动员握在手里的铅球，除非尽全力抛出去，否则就是沉甸甸的负担。倘若一直把那些不幸的或者痛苦的经历捧在手里，势必身心俱疲。而如果不把苦楚于悲痛放入心间，生命也自然会绽放芳华。

王阳明初到贵州，便遭遇到意想不到的困难。那里的生活非常艰难，而且瘟疫肆虐。从中原流放到这里来的人，很多都死在半道。即使到了流放地，也很难融入当地的生活，他们或者没有生活来源，或者生病无法医治，直至饿死病死。

在艰难困苦之中，王阳明以圣人对待困境的态度作为精神支撑，苦不入心。他在《初至龙场无所止结草庵居之》中说："缅怀黄唐化，略称茅茨迹。"他沉湎在儒佛道思想之中，并渐渐感悟。他将思想的粗略处与生活的精微处相结合，用内心的意志抵抗物质的贫瘠，对待凶险像对待坦途那样平静，而不在意谪居龙场的困苦。他曾感叹说：啊，这就是古圣人当囚徒而忘了自己是

囚徒，老了也不以为意的原因了，我知道我也该这样度过自己的一生。

苦不入心，生命自有芳华。这样的逻辑思维，对于指导人们应对种种挫折、变故，无疑有极大的好处。人生好似一场考验，任何通向成功的道路上都布满了荆棘，充满了数不清的艰难与困苦、辛酸与煎熬。只有经得起考验的人才能体验到生命的价值，才能最终绽放生命的芳华。在著名的佛学大师弘一法师的房间里，挂着他的一幅书法作品，上面有一句偈语：花繁柳密处拨得开，方见手段；风狂雨骤时立得定，才是脚跟。意思是说，只有经得起考验的，才是最好的。

车胤，字武子，晋南平（今安乡、津市一带）人。车胤自幼好学不倦，可是由于家境贫困，没有钱买灯油在晚上读书。因此，到了晚上他只能背诵诗文。

一个夏夜，他在屋外诵书，忽然看到原野里如星星一样的萤火虫在空中飞舞。他突发奇想，萤火虫的光亮在黑夜里不正如灯一样吗？这样我就能够彻夜苦读了！想到这，兴奋的他立即找来了白绢扎成一个小口袋，并抓了几十只萤火虫放在里面。果然，如此还真的管用。

车胤就这样用工苦读，终于成了一个很有学问的人，后来做到吴兴太守、辅国将军、户部尚书等职位。

“读书莫畏难”，一个有志于学的人应该早早有心理准备，经得住各方的考验，才能够读有所成。不仅读书学习要经得住苦楚，生活也是如此。生活在给我们期待和欢乐的同时，也给我们很多的失望和伤心，很少有人能够生活得一帆风顺，多少都会遇到一些意外、流泪、心痛的经历。但是当走过一段经历时，我们会发现那些你曾经跋涉的足迹多多少少都会留下成长的痕迹，而每一段的成长都是真实而亲切的，所以我们要相信一切都是最好的安排！当我们沉溺在暗河时，如果能拥有一汪名为“乐在其

中”的心湖，就不会再因生活的坎坷郁郁寡欢了。

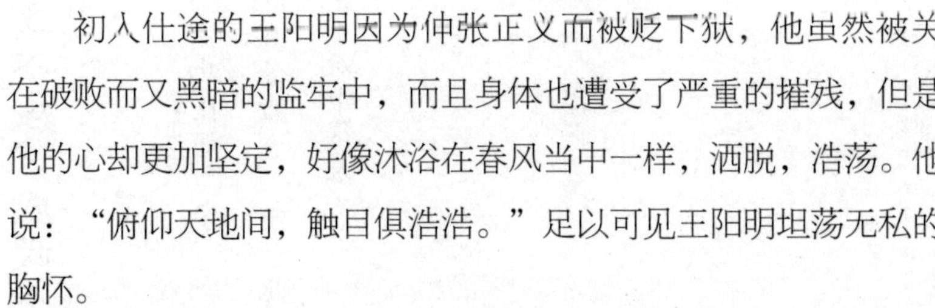

初入仕途的王阳明因为伸张正义而被贬下狱，他虽然被关在破败而又黑暗的监牢中，而且身体也遭受了严重的摧残，但是他的心却更加坚定，好像沐浴在春风当中一样，洒脱，浩荡。他说：“俯仰天地间，触目俱浩浩。”足以可见王阳明坦荡无私的胸怀。

生活固然不易，但我们不能总以苦脸回应苦脸。生活艰苦如何，衣衫破旧又如何，只要有一束“发光”的微笑，这些灰暗的色调就会全部被照亮。

一位哲人曾说过：“人的生命似洪水在奔腾，而遇到岛屿与暗礁，便难以激起美丽的浪花。”苦难并不可怕，它如咸盐，有了它的调剂，生活的满汉全席才不会显得缺少滋味，苦难如烈酒，麻木过后的人会体验到释放的快乐，醉酒之后方知清醒的可贵。喜悦与悲伤、顺利与坎坷、幸运与不幸、得到与失去交织在一起，让生命显得更加多姿多彩，也让人在垂暮之年拥有了更多可供回首的往事。

生活本身就是一道难题，最艰难的是破解的过程。波澜不兴的生活对人们心灵的成长并没有多少益处，若想变得更加勇敢，更加坚强，反倒需要依靠苦难来给我们的心灵淬淬火，加点钢。

坚忍不拔、威武不屈

我此良知二字，实千古圣圣相传一点真骨血也，某于此良知之说，从百死千难中得来。

——王阳明箴言

一个人的心界随着一个人的眼界的拓展而拓展，眼界小者和眼界大者所追求的境界会逐渐不同。当一个人把自己的心界扩展到无限远时，即庄子所说的“天地与我并生，万物与我齐一”的时候，他就会把追逐道的境界当作自己的追求。王阳明带兵平定南昌宁王朱宸濠的武装叛乱之后，却不料反招致大祸。遭到张忠、许泰等人的嫉恨，他的弟子冀元亨也被人诬告构陷，入狱而死。这个时候，他潜入九华山，每日宴坐草庵中。历经磨难的王阳明愈发相信“良知”足以使一个人身处逆境而不屈，出入生死而不折。他感慨地说：“我此良知二字，实千古圣圣相传一点真骨血也，某于此良知之说，从百死千难中得来。”在此他悟出“致良知”之说。

王阳明也提出“良知者，心之本体”，“心之虚灵明亮即所为本然之良知”，他主张克服私欲之蔽，克服万千磨难，尽量发挥良知的作用，将良知贯彻到日常生活中去。

宋朝战争频频，国患不断。大将军李卫带领人马杀赴疆场，

不料自己的军队势单力薄，寡不敌众，被困在小山顶上，眼看就要全军覆没。就在士气大减、将要缴械投降之际，大将军李卫站在大家的面前说："士兵们，看样子我们的实力是不如人家了，可我却一直都相信天意，天意嘱我们能赢，我们就一定能赢。我这里有九枚铜钱，向苍天企求保佑我们冲出重围。我把这九枚铜钱撒在地上，如果都是正面，就可以脱离险境，如果不都是正面，我们就投降。"士兵们闻言纷纷跪在地上，祈求苍天保佑。李卫将铜钱一把撒向空中，落在地上。开始士兵们不敢看。可是突然有人一声尖叫："快看，都是正面！"大家都睁开了眼睛往地上一看，果真都是正面。士兵们跳了起来，把李卫高高举起喊道："我们一定会赢，老天保佑我们了！"

李卫拾起铜钱说："那好，既然有苍天的保佑，我们还等什么，我们一定会冲出去的，各位，我们冲出去！"就这样，一小队人马竟然奇迹般地战胜了强大的敌人，突出重围。后来将士们谈起了铜钱的事情，仍说："如果那天没有上天保佑我们，我们就没有办法出来了！"

就在此时，李卫从口袋里掏出九枚铜钱，大家竟发现这些铜钱的两面都是正面。

人在面临困境的时候，有时候常会失去自信，如果自己不能重拾信心，那就需要施一些手段来使人重新恢复自信。这就是李卫的"天决定论"方法。人没有自信，只能脆弱地活着；反过来讲，信心则可以使人改变恶劣的现状，造成令人难以相信的圆满结局。

从牢狱中出来的王阳明为了躲避刘瑾派来的锦衣卫的追杀，曾在钱塘江的岸边脱掉身上的衣物，来了一招金蝉脱壳之计，才捡回了一条命。而在纵身跃入江中之前，他留下一首诗："自信孤忠悬日月，岂论遗骨葬江鱼！百年臣子悲何极？日夜潮声泣子胥。"我自信一腔忠心赤胆，无愧于心，无愧于天地，即便葬身

海底，也无遗憾。

在这个世界上，只有强者才能掌握自己的命运。做一个强者，首先是做一个精神上的强者，一个坚忍不拔、威武不屈的人。有人说信念是明天的太阳，用坚定的信念来支撑自己勇敢地走下去，就像世界乐圣贝多芬“我要扼住命运的咽喉，决不能让命运使我屈服”一样；抑或学习鲁迅先生“用笑脸来迎接悲惨的命运，用百倍的勇气来应付一切的不幸”的精神。

玉不琢不成器，不经历风雨怎么见彩虹。世间不存在无法克服的艰难和困苦，只要我们怀着坚定的信念勇往直前，将磨难和不幸当作垫脚石，不断攀登人生之路，以百折不挠和笑脸直面人生，我们定能创造属于自己的辉煌。所以当你面临绝境时，在你气喘吁吁甚至筋疲力尽时，你只要再坚持一下，奋力拼搏一下，困难就会被你征服了，你就坚强了许多。

在事上磨炼，方立得住

人须在事上磨炼做功夫乃有益。若只好静，遇事便乱，终无长进。那静时功夫，亦差似收敛，而实放溺也。

——王阳明箴言

每一次辉煌的背后都有一个凤凰涅槃的故事，经历磨难原本就是生命旅途中一道不可或缺的风景。而生命，也总是在经历磨炼后更显价值。

对于芸芸众生来说，如果我们是一块不甘平庸的石头，就必须忍受折磨、痛苦，去经受挫折、困难和失败的雕琢，去掉生命中那些劣质、腐朽的东西，只留下精华，生命才会更加完美。如果我们不堪忍受折磨，怕被敲打，不剔除那些碎屑，天长日久，那些劣质的东西就会不断侵蚀我们，最终将精华淹没，甚至损耗我们的生命力。

王阳明来到贵州龙场不久，就亲眼看到这样的事：到贵州赴任的吏目以及他的孩子、仆从三人先后死在离龙场10公里处的山道上。王阳明于愤懑之中写下了荡气回肠的《瘗旅文》。他的心境是孤独的、寂寞的、苦闷的、悲戚的。他心乱如麻，恍恍惚惚，悲愤忧思无法排解，终夜不能入眠。

然而在绝望之中，淳朴善良的龙场人民给予了他无私的援

助，使他看见了一线希望的曙光，有了生活的勇气。他用“生命的体验”来面对人生，面对残酷的现实，从而走上一条艰苦、独特的道路。而这条道路成为他人生中的一大转折，成为他学术思想的新开端。

人活着并不是为了痛苦，但要活着却不能不承受痛苦。离开痛苦，人就会变得简单而肤浅，但如果不想方设法摆脱痛苦，那么活着也只是肤浅而简单。痛苦可以捶打出哲学思想，但你必须是一块钢铁；痛苦可以磨砺出卓越人才，但你必须是一把宝剑。

过去无量劫的时候，一有佛出世，大家都先供佛然后再求法。那个时候，释迦牟尼佛很穷困，没有钱供佛，左思右想，他终于想出卖身供佛的办法。于是，就来到大街上叫卖自己的肉身。

巧的是，还真有人需要人身的。这个人得了一种病，医生嘱咐他每天应该吃三两人肉。看到释迦牟尼佛在卖身，他非常高兴，凑过去问道：“我给你五枚金币，你可以每天给我三两人肉吃吗？”释迦牟尼佛听后应允了，但是要求病人先付金币给他供佛闻法，然后再割肉。病人满口答应，并立即付了五枚金币。释迦牟尼佛拿着这笔钱供完佛，闻过法后，就开始每天从身上割三两肉给病人吃，这样持续了一个月，病人的病才痊愈。从自己身上每天割三两肉下来，这是多么遭罪和痛苦的事情，可是释迦牟尼佛却说，自己每天在割肉的时候都会念佛所说的偈，这样注意力都转移到佛法上来了，痛苦便不自觉，渐渐地，身体也在这种不知不觉中恢复了。

释迦牟尼佛为了求法，而甘愿受如此苦行。痛苦，是拥有其自身的价值的。蚌是痛苦的，珍珠是它痛苦的造化，美丽宝贵；五彩的人生之所以缤纷，是因为痛苦的折射；每一次痛苦都意味着一种美的开始，这是痛苦的价值。

诚然，“不经一番寒彻骨，怎得梅花扑鼻香？”没有经历

过痛苦，就是一个不完整的人，生活也就是不完整的。经历重重苦难，跨越千山万水，生活才更完美、更充实；生命才会更有价值，也更有意义。

与其说痛苦是人的劲敌，毋宁说它是人的忠实侍从。它伴你走向成熟，走向坚强；而且，一个人是否成熟、是否坚强，关键就是看他能否在痛苦的簇拥下依然保持主人翁的身份。所以，真正的英雄不是一个名分，而是一种情怀。无论成败，都能够将苦难以及历史的沉思、人生的反省，一同埋藏在英雄的气概中。

“险夷原不滞胸中，何异浮云过太空！夜静海涛三万里，月明飞锡下天风。”这是王阳明躲避了刘瑾等人的追杀后在武夷山留下的一首诗。诗中尽显光明磊落的胸怀。艰难困苦仍然存在，前进的道路也是茫然，但是那颗心却依旧光明、皎洁。

要想永远使自己超脱于痛苦之上，还得学会在无情的现实面前保持冷静的头脑。要懂得生在这世上，就好像在爬大山，要从潜意识里相信自己摆脱困境的能力，要在心理上强硬起来，一切向前看。有许多不幸的事情是不以人的意志为转移的，即使因为自己的失误，撒下了悔恨，也不必无休无止地自责，使自己的灵魂永远背负着沉重的十字架，重要的是一切从头做起。

寂寞是最大的考验

何处花香入夜清？石林茅屋隔溪声。幽人月出每孤往，栖鸟山空时一鸣。草露不辞芒履湿，松风偏与葛衣轻；临流欲写猗兰意，江北江南无限情。

——王阳明箴言

一位西方哲学家说：“世界上最强的人，也就是最孤独的人。只有最伟大的人，才能在孤独寂寞中完成他的使命。”每个想要突破目前困境的人首先都需要耐得住寂寞，寂寞能催生一个人的成长。

王阳明在贬谪期间饱尝各种人生摧残与折磨。为了摆脱寂寞和苦楚，他兴办书院、传递文化。他还经常和当地人交流，深刻感受到边地民众质朴人性的可贵和可爱。譬如彝族首领安贵荣知道他在龙场的艰难处境后，便主动给予他生活上的照顾。与少数民族“礼益隆、情益至”的密切交往，激发了王阳明悟道传道的生命热情。

虽然王阳明在贵州的时间不长，但贵州人对他的感情却十分深厚。在修文阳明洞，有彝族土司安国亨的题字，大书“阳明先生遗爱处”。《与安亘慰》的两封书信表达了他与少数民族之间深情厚意。他所写的《居夷诗》百余首，还有《玩易窝记》、《何陋轩记》、《君子亭记》、《宾阳堂记》，记述了他在贵州

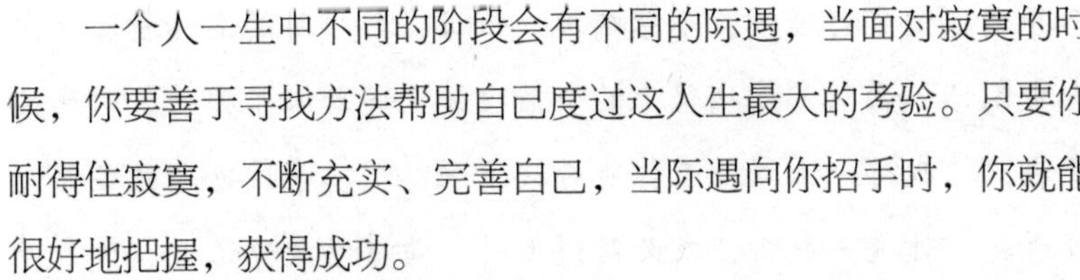

期间的心迹，是他思想转变的历史见证。

一个人一生中不同的阶段会有不同的际遇，当面对寂寞的时候，你要善于寻找方法帮助自己度过这人生最大的考验。只要你耐得住寂寞，不断充实、完善自己，当际遇向你招手时，你就能很好地把握，获得成功。

李忱是唐宪宗李纯的第13个儿子，于长庆中期被封为光王。在他即位之前，贵为王公的李忱不得不离京出走，这得从他当时的处境说起。李忱的母亲并不是一个有身份和地位的妃子，她作为当时叛臣的罪孥进宫，结果邂逅了当朝皇帝，生下了李忱，可惜在李忱的幼年，宪宗皇帝就被宦官暗杀了，留下这一对母子，既不能母凭子贵，也不能子凭母达。

公元820年二月，李恒（李忱之兄）被宦官扶上皇位，是为唐穆宗。4年后穆宗服长生药病逝，其子敬宗李湛接任，但他只活到18岁，驾崩后由其弟文宗李昂、武宗李炎相继接任。

在这长达20年的时间里，三朝皇叔李忱的地位既微妙又尴尬，他只能以黄老之道，韬光养晦，装傻弄痴。尽管他为人低调，不事张扬，但光王的特殊身份，还是让他逃避不了侄儿们猜忌、排斥、挤压的命运。文宗、武宗两位皇帝更是对他心存芥蒂，非但不以礼相待，还想方设法地迫害他。公元841年，唐武宗登基时，李忱为避祸全身，便“寻请为僧，行游江表间”，远离了是非之地。应该说，李忱当时作出的这一抉择，当属达人知命的明智之举。而流放底层，阅尽人世沧桑，也为他将来修成大器提供了一个难得的机会。

法号“琼俊”的李忱虽然隐居于与世隔绝的深山之中，并没有一心向佛，忘却心中之志。握瑾怀瑜的他效法孔明，抱膝于隆中、太公钓闲于渭水，准备待时而动。在唐武宗统治的6年间，他不停地通过秘密渠道打探宫内情况，积极从事夺权的活动，以实现“归去宿龙宫”的宿愿。

他一直隐藏自己的这一志向，在福建境内的天竺山真寂寺的三年间，他言行谨慎，不露端倪。一日，与当时的名僧黄蘖和尚山中闲话，面对悬崖峭壁上的一条飞瀑，黄蘖来了雅兴，对李忱说道："我得一上联，看你能否接下联？"。李忱也兴致盎然，说道："你道来我听，我必对得上。"黄蘖于是吟道："千岩万壑不辞劳，远看方知出处高。"李忱几乎是脱口而出："溪涧岂能留得住，终归大海作波涛。"黄蘖听了，赞赏有加。

没有深沉的寂寞，哪有动地的长歌？李忱就像那瀑布，经历"千岩万壑不辞劳"的艰险后，终将飞珠溅玉、石破天惊。公元846年，深谙权谋、忍辱负重的李忱果然在太监们的拥戴下，从侄儿手中夺过大位，成为唐宣宗，时年37岁。由于他长期在民间阅世读人，深知黎民疾苦，故躬行节俭，虚怀纳谏，颇有作为，号称"大中之治"。

耐得住寂寞，是所有成就事业者都遵循的一种原则。它以踏实、厚重、沉思的姿态作为特征，以一种严谨、严肃、严峻的表象，追求着一种人生目标。当这种目标价值得以实现时，不喜形于色，而是以更寂寞的人生态度去探求另一奋斗目标和途径。而浮躁的人生是与之相悖的，它以历来不甘寂寞和一味追赶时髦为特征，有着一种强烈的功利主义倾向。浮躁的向往，浮躁的追逐，只能产出浮躁的果实。这果实的表面或许是绚丽多彩的，但绝非具有实用价值和交换价值。

其实，寂寞不是一片阴霾，寂寞也可以变成一缕阳光。如果你勇敢地接受寂寞，拥抱寂寞，以平和之心关爱寂寞，你会发现：寂寞并不可怕，可怕的是你对寂寞的惧怕；寂寞也不烦闷，烦闷的是你自己内心的空虚。寂寞的人，往往是感情最为丰富、细腻的人，他们能够体验人所不能体验的生活，感悟人所不能感悟的道理，发现人所不能发现的思想，获取人所不能获取的能量，最后成就人所不能成就的事业。

耐得住寂寞是一种人生品质，不是与生俱来，也不是一成不变的，它需要长期的艰苦磨炼和凝重的自我修养、完善。耐得住寂寞是一种有价值、有意义的积累，而耐不住寂寞往往是对宝贵人生的挥霍。

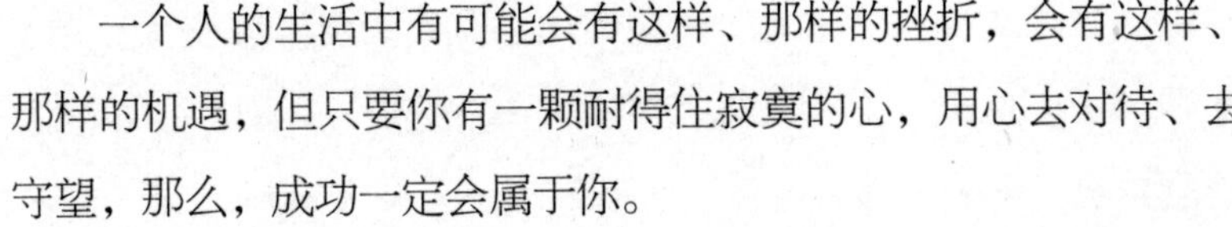

一个人的生活中有可能会有这样、那样的挫折，会有这样、那样的机遇，但只要你有一颗耐得住寂寞的心，用心去对待、去守望，那么，成功一定会属于你。

第七章

把小事做细，把细事做透

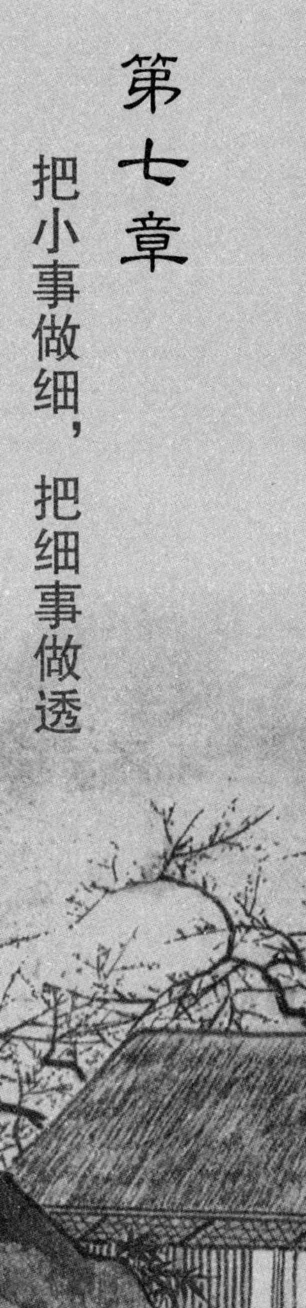

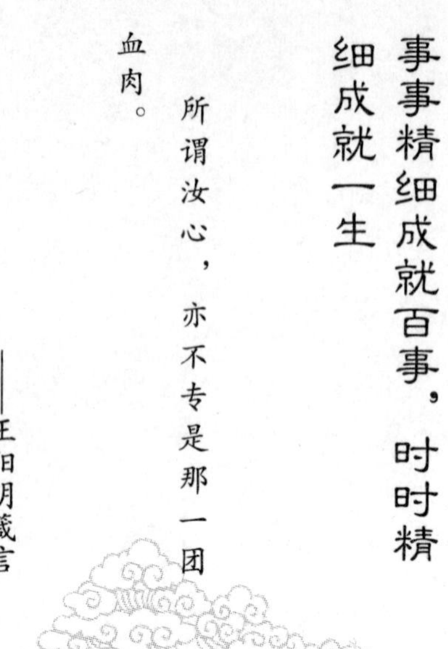

事事精细成就百事，时时精细成就一生

所谓汝心，亦不专是那一团血肉。

——王阳明箴言

对于世间万物来说，大与小的概念都不尽相同。地球很大，但跟银河系比起来就是大海中的一滴水了；一片树叶很小，但对于一只蚂蚁来说它就是一个巨大的广场了。在很多人看来成功就是做大事，但同时又不屑于做小事。俗话说，一屋不扫何以扫天下，同样的道理，小事不做何以成大事！

正德元年，由于受到宦官刘瑾的排挤，王阳明被贬为贵州龙场驿驿丞。与繁华的京城相比，龙场这个蛮荒之地，用穷山恶水来形容也不为过，方圆几百里少有人出没。可是王阳明并没有因为龙场是个小地方就从此委靡不振，在他眼里："天下之大，何事不可为？"他认为在这个小地方，也一样能有作为。的确就是在龙场任职期间，他悟出了"道"，也就是心学的核心内容。

王阳明在龙场这样的小地方却悟出了大道理；大事虽然大，但也要从小事做起，把小事做到极致了自然成就了大事。粒米中藏须弥山，许多不起眼的人、事、物有着不可限量的能量。小砂石可以建高楼；小火星可以燎原；小小微笑可以散播欢喜与爱，所以，“小”中往往蕴涵有无穷的力量。任何一小步都有可能成就前途的一大步，再小的事情如果能够做到极致就能成就大事。

注荼半托迦尊者是罗汉中最有神通的。一次佛被外道加害，魔王把山压过来，注荼半托迦尊者在后面一指，就把山推开了。拥有如此神通的尊者，幼年时却是一个非常愚笨的孩子。

注荼半托迦尊者愚笨到了让人无可奈何的程度。老师教他念“悉达摩”，教他“悉达”时忘了“摩”；教“摩”时，忘前边的“悉达”。老师对注荼半托迦的父母说，他宁愿去教很多其他的婆罗门人家的孩子，也不愿把时间花在这一个学生身上。

注荼半托迦的父母只好把他送到一位吠陀教师那里。在那儿，老师又教他念“奥玛普”几个字母，但也学不会，教师只好叫他的父母另请高明

注荼半托迦有位哥哥半托迦，很聪明并博学有礼。机缘之下，兄弟二人遇到一些佛陀的弟子，不久，哥哥就出家为比丘，注荼半托迦被认为太笨不适于出家，只好独自住在附近。

一天，哥哥半托迦和其他的人结伴到室罗伐悉底城去朝拜释迦牟尼佛，很多人都跟去看热闹。注荼半托迦也混在人群里，恰好被半托迦看见，半托迦问注荼半托迦道：“你现在以什么为生呢？”

注荼半托迦回答：“无以为生，生活异常艰难。”

半托迦又问：“你想出家为僧吗？”

“像我这样的愚笨之人，如何能渴望加入殊胜的佛陀僧团呢？我甚至连最简单的偈颂也记不住，每个人都知道我愚笨无比。”注荼半托迦说。

半托迦对弟弟说：“习学佛法不分高低种姓、贵贱和智力高下，最重要的是遵循佛陀原教义，并付诸实践。如果你真心诚意地想成为僧人，那么你就能做到。”

注荼半托迦很恭敬地来到佛陀及其弟子阿难面前，全知的佛陀

洞悉半陀伽谦卑和纯净的心，就要阿难尊者为半陀伽剃度出家。

阿难教注荼半托迦一个偈颂："诸恶莫作，使自己免于邪恶的思想；众善奉行，莫执自我，正念、正知、正命，则能免于伤害、烦恼，这就是诸佛教示。"

三个月后，注荼半托迦仍然记不住这个简单的偈子，而所有其他的新出家众早就把整章经典背熟了，就连当地的牧羊人也都熟知这简单的偈颂和好几个其他的偈子。

最后，佛陀只好亲自教他。佛陀要打扫寺院来清除业障，同时要边扫边念诵、思考"扫帚"二字。

虽是极其简单的两个字，注荼半托迦依然是记前忘后、记后忘前，想到"扫"就忘了"帚"，想到"帚"就忘了"扫"，因此苦恼不堪。于是佛陀慈悲地告诉他："'扫帚'的意义就是去除尘垢。想想看，你诵'扫帚'二字的目的是什么呢？"注荼半托迦依佛陀的教导思忖着："什么是尘垢呢？灰土瓦砾是尘垢；什么是去除呢？去除就是清净。所以佛陀是在提醒我们，除了扫除外面的尘垢外，还要去除心当中的尘垢，烦恼除尽，智慧自然就会来显。"注荼半托迦就这样不断地重虑缘真，最后一念相应慧，手执扫帚透视幻象而证得开悟，终于证得阿罗汉果。

注荼半托迦的愚笨殊乎常人，连个简单的偈子都不会背，可是，仅仅因为专心扫地，就成为神通第一的大罗汉。《大智度论》云："一心正念，速得道果。"

有做小事的精神，就能产生做大事的气魄。不要小看做小事，只要有益于工作、有益于事业，人人都应从小事做起。用小事堆砌起来的事业才是坚固的，用小事堆砌起来的长城才牢靠。千里之行，始于足下；合抱之木，生于毫末。欲行千里，想成大树，就从脚下开始，从毫末做起。不屑于平凡小事的人，即使他的理想再壮丽，也只能是一个五彩斑斓的肥皂泡。想要壮志凌云，必须脚踏实地，专注于小事。

学无息止，巅峰之上有巅峰

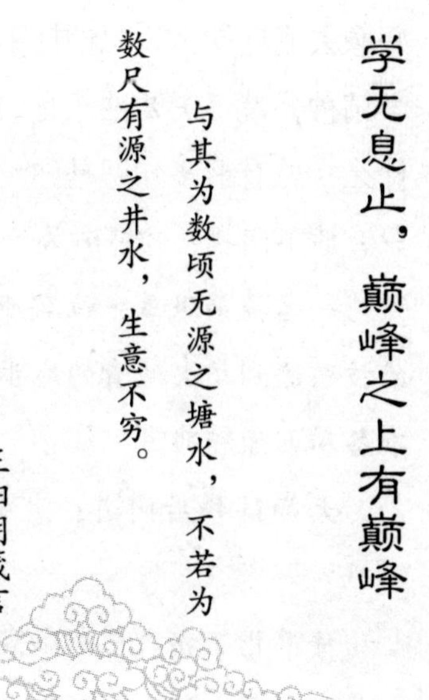

与其为数顷无源之塘水，不若为数尺有源之井水，生意不穷。

——王阳明箴言

“问渠那得清如许，为有源头活水来。”朱熹这句诗同王阳明“与其为数顷无源之塘水，不若为数尺有源之井水，生意不穷”这句话不谋而合。在他们看来，人生本身就是个不断学习的过程，除非我们自己限制了自己的眼界和见识，否则学习永远没有止境。

王阳明认为，没有源头的一潭死水，就算是有数顷也没有什么用处，到头来终归逃不过两个结局，要么干涸要么发臭。那样的话，有多大的一塘死水还不如有哪怕几尺的井水，因为井水是“活水”，总是源源不断、生生不息，取之不尽用之不竭。而学习者也应该宁做几尺井水，不做数顷死水，把学习当作终生的事业。而成就了心学的王阳明也正是这样做的，无论处庙堂之高还是居江湖之远，他求学、为学从未停止过。

其实，很早以前孔子在《论语》中说过：“学如不及，犹恐失之。”蔡元培先生解释说，一个人真正用心做学问，就会像孔子说的那样，总觉得自己还不够充实，还有许多进步的空间。就

好像去追赶什么，总怕赶不上，赶上了又怕被甩掉，有这样的求学精神，就不需要怕原有的学问和修养会退失。不管做什么，学什么，总有很多知识是你没有学到的，做学问不要骄傲自满。人只有放下自我，才能成为一个空的容器，继续容纳事物。

一名徒弟跟着一位名师学习技艺，几年之后，徒弟觉得自己的技艺达到炉火纯青的地步，足以自立门户，因此收拾好行囊，准备和大师辞别。

大师得知后问道："你确定你已经学成了，不需要再学习了吗？"

徒弟指了指自己的脑袋自豪地说："我这里已经装满了，再也装不下了。"

"哦，是吗？"大师随即拿出一只大碗放在桌上，命徒弟把这只碗装满石头，直到石头在碗中堆出一座小山后，大师问徒弟："你觉得这只碗装满了吗？"

"满了。"徒弟很快地回答。

大师于是从屋外抓起一把沙子，撒入石头的细缝里，然后再问一次："那么现在呢，满了吗？"

徒弟考虑了一会儿，恭恭敬敬地回答道："满了。"

大师再取了案头上的香灰，倒入那看似再也装不下的碗中，看了看徒弟，然后轻声问："你觉得它真的满了吗？"

"真的满了。"徒弟回答道。

大师没有再多说什么，只拿起了桌上的茶壶，慢慢地把茶水倒入碗中，而水竟然一滴也没有溢出来。

徒弟看到这里，总算明白了师父的良苦用心，赶紧跪地认错，诚心诚意地请求大师再次收自己为徒。

大师苦口婆心想要告诉徒弟的只有一个道理，就是永无止境。著名的数学家华罗庚说过："人，活到老，要学到老。"是的，人生在不断探索中得到升华，从而才会有辉煌出现，像文坛

的几位巨匠，冰心、巴金、金庸……他们都深知这个道理，而且始终如一地贯彻下去的，因此才会有如此大的成就。我们熟知的金庸先生更是在80岁高龄之际提笔修改了《射雕英雄传》，使这部经典名作再次受到众人瞩目。

不只是他们这样，国外的著名人士也是在不断学习、不断积累中才创作出许多著名文献。马克思和恩格斯就是最好的“人证”。他们共同完成的《资本论》使广大读者得到启迪，而这是他们耗费毕生心血才完成的，他们就是在不断努力及探索中使他们的友谊成为世人的榜样。

波兰著名钢琴家阿瑟·鲁宾斯坦，他3岁时学琴，4岁登台演奏，直到95岁他未曾间断过对艺术的追求。因为他深知学无止境，艺术无止境。不间断的创作会使心灵得到净化，从而也增加其本身的魅力。

意大利艺术大师达·芬奇说：“微小的知识使人骄傲，丰富的知识则使人谦虚，所以空心的禾穗总是高傲地举头向天，而充实的禾穗则低头向着大地，向着它们的母亲。”

学习是光明，无知是黑暗。试想，谁愿意长久地面对黑暗不见天日？没有。那么，只有天天做学问，时时不忘知识更新才能走向光明、使人生更亮丽。只有在不断求知的过程中，我们才会真正得到乐趣。

而越是到了高的境界，人越会感到自己的不足，因此，把握你生命的每分每秒，好好弥补这些不足。人外有人，天外有天，巅峰之上，还可以再创巅峰。这一切的前提是——学无止境!

把握现在，认真做每一件事

吾始学书，对模古帖，止得字形。后举笔不轻落纸，凝思静虑，拟形于心，久之始通其法。既后读明道先生书曰：『吾作字甚敬，非是要字好，只此是学。』既非要字好，又何学也？乃知古人随时随事只在心上学，此心精明，字好亦在其中矣。

——王阳明箴言

王阳明曾以练字为例，说自己一开始学习写字为的只是学习字形，后来落笔之前都要认真思考，因为他明白了其中的奥妙——要首先在心里模拟这个字的形状。从古人练字的心得中，王阳明也悟出了道理：要随时随地把学习放在心上，那么自然也就能写好字，做好学问了。

芸芸众生总有人问，到底要做到怎样才称得上是精进？精进，说起来其实很简单，把握现在，认真对面每一件事就是真正的精进。

年少的王阳明经常对着大自然思考人生、领悟哲学，最终将“心学”发扬光大。这都与他的认真、专心分不开，他充分把握了生命中每一个学习的机会，就算是面对平凡大自然的思考也时时刻刻不肯放松。因为他深知，昨天的付出是昨天的事，如果今天尚未付出，就不要期待收获。

吕蒙是东汉末年三国时期东吴一位非常著名的将领，孙权曾对吕蒙说：“吕蒙啊，你现在担任要职，执掌权力，不能不

学习。”吕蒙不愿学习，于是推辞说军中事多，没时间学习。孙权说：“我不是要你研究儒家经典，去做博士，我只是要你去浏览书籍，了解过去发生过的事情。你说你事多，没时间学习，但你能像我这样忙吗？我还经常读书，并从中得到很多好处。”于是吕蒙下定决心开始读书。后来鲁肃经过浔阳，与吕蒙谈话，大吃一惊，说：“你今天的才干谋略，已非当初吴下阿蒙了！”吕蒙说：“士别三日，就当刮目相待，大哥怎么对这个道理都不明白啊？”鲁肃大受震动，就去拜见吕蒙的母亲，与吕蒙结为了好友。

陈寿在《三国志》中对吕蒙作了如下的评论：“吕蒙勇而有谋，断识军计，谲郝普，禽关羽，最其妙者。”吕蒙本来是一介武夫，后来在孙权的劝说下，用功读书，终于成为文武双全的帅才，也成就了一段学习的佳话。对于学习，很多人往往跟吕蒙最开始的认识一样，认为没有时间，没有精力，但一切都是借口，只要从现在开始，下定决心，用心去学，你就会得到意想不到的收获。

世界上并没有免费的午餐，你必须付出。而其关键不在于要不要付出，而是什么时候付出。是在得到回报前付出，还是在得到回报后付出。如果你在前面付出，付出的代价比在后面付出小，你等待付出越久，你就得付出越多。如果你在前面玩乐，你在后面就要付出昂贵的代价；如果你在前面付出，你就可以在后面享有更多的玩乐。

把握住现在，认真做好每一件事情，是一种在收获前的付出，是一种简单而朴素的生活信仰，其目的在于锤炼自己的品性，充实自己的生活。当然，这种看似简单的信仰绝非一日或短时间内形成的，在时光的洪流中，只有日日如此，步步踏着，才能寻求生命的超脱之境。

王阳明说良知，认为良知是看不见、听不见、摸不着的。一

般人只知道在看得见，听得见，摸得见的地方下苦功，却忽略了真正的良知，最终也就无法达到致良知的境界。因为人的心神只在表面的事情上，而不在看不见听不见摸不着的事情上下工夫。其实，对于那些不易显现的地方要更加警惕，更加小心，这才是致良知的功夫。要达到这一点，需要时刻怀抱谨慎认真的态度，关注细微，关注平时被忽略的事情，再小的事情，落到实处，认真去做，这样积累之后就能成熟，在遇到挑战和困难时可以不需要费太大力气，不会被外在所牵累。

生命只在一呼一吸间，每一个“现在”都是生命中最重要的时光，都需要用心体会。春风秋雨，花开花落，人们总是对不经意间消逝的美丽扼腕叹息，却不愿意为身边的美驻足赞美，待其逝去，方才翻然悔悟。这种人何其可悲。

印度大诗人泰戈尔说：“如果你因错过了太阳而流泪，那么你也将错过群星。”若希望使生命中的每分每秒都有所作为，便须在每一步都留下坚实的脚印。

不以聪慧警捷为事，而以勤确谦抑为上

人不用功，莫不自以为已知为学，只循而行之是矣。殊不知私欲日生，如地上尘，一日不扫便又有一层。着实用功，便见道无终穷，愈探愈深，必使精白无一毫不彻方可。

——王阳明箴言

人要想实现自己的人生目标，就必须在勤劳奋斗中创造光明，在勤劳奋发中完成理想。王阳明虽少年时就曾言论出众，还曾在十五岁时候试马居庸关，其文韬武略、胆识气魄都超过同辈中人，显示出自古天才出少年的风采。但如果光靠天资聪慧，他也很难成为明代大儒，受到后世众多文人的推崇以及尊敬。王阳明深知要想成功、成材必然少不了用功二字作为一生的激励和生存原则。

的确，对于一个人的发展与成长而言，天赋、环境、机遇、学识等外部因素固然重要，但更重要的是自身的勤奋与努力。一位哲人曾经说过："世界上能登上金字塔顶的生物只有两种：一种是鹰，一种是蜗牛。不管是天资奇佳的鹰，还是资质平庸的蜗牛，能登上塔尖，极目四望，俯视万里，都离不开两个字——勤奋。"

没有自身的勤奋，就算是天资奇佳的雄鹰也只能空振双翅；有了勤奋的精神，就算是行动迟缓的蜗牛也能雄踞塔顶，观千山

暮雪，渺万里层云。成功不是单纯依靠能力和智慧，更要靠每个人自身孜孜不倦地勤奋工作。

宋代大儒朱熹也说过：“业精于勤而荒于嬉。”成功的人，未必都是完美的人，也未必都很快乐，但他们一定都很专心致志，很勤奋。

“勤敬”是清代帝王的祖训，雍正帝从政，日日谨慎，戒备怠惰，坚持不懈。用他自己的话说：“唯日孜孜，勤求治理，以为敷政宁人之本。”

雍正帝处理朝政，自早至晚，没有停息，大体上是白天同臣下接触，议决和实施政事，晚上批览奏章，经常至深夜。即使在吃饭和休息的时候，他也“孜孜以勤，慎自勉”，不敢贪图轻松安逸。他年年如此，寒暑不断。经雍正帝亲手批阅的奏章，现存于故宫的就有两万两千余件，这还不是其全部。他自己所写的谕旨及对大臣奏章的批示，现已选刊者即不下数十万言，其未刊者尚不知数目。

雍正元年（1723年）五月初一，雍正帝连续颁发十一道训谕，对总督、督学、提督、总兵、布政司、按察司、道员、参将、游击、知府、知县等各级地方文武官员提出了明确的要求。发一道谕旨，洋洋万言，若非勤政之君，实难办到。

雍正帝因早年夏天中暑，遂形成畏暑心理。每一年酷热之际，意欲休息，但一想到前贤的箴言、帝王的责任，便不敢浪费一点时光，进而勉励自己警戒骄盈，而去努力从事政务。他曾作《暮春有感》七律一首：

虚窗帘卷曙光新，柳絮榆钱又暮春。

听政每忘花月好，对时唯望雨丝匀。

宵衣旰食非干誉，夕惕朝乾自体仁。

风纪分颁虽七度，民风深愧未能淳。

他深感登基以来，民风未淳，自己身为一国之君，责任未

尽，因此朝夕戒惧，不敢怠惰。春色美好、花木繁荣，纵使大自然风光再美妙他也无心欣赏。

雍正帝“唯日孜孜”的精神，以及持之以恒的毅力，在封建帝王中堪称楷模，即使是一些有作为的帝王也实难与之相比，更不必说那些昏庸荒淫的君主了。清史专家孟森先生曾说，“自古勤政之君，未有及世宗（即雍正帝）者”，“其英明勤奋，实为人所难及”。这一评价，对雍正帝来说是当之无愧的。

实际上，“业精于勤”、“勤能补拙”，对任何人都适用。国画大师齐白石，年轻时就坚持每日作画，除身体不适和心情不好的几日外，无一日不动笔。正是这锲而不舍的勤奋，最终使他饮誉世界画坛。著名数学家陈景润，在六平方米的住处终日辛劳，奋战十年，才在数学王国里为摘取哥德巴赫猜想作出了杰出贡献。同样，勤奋也是他的座右铭。

王阳明讲学习，说如果不用功，就不要说自己已经知道学习了。学习是无止境的，就好像地面上的灰尘，一日不扫便又有一层。真正的学习，是要着实用功，往深里探究，一定要到透彻为止，所以说勤奋是永恒的真理。翻开历史的画卷，我们可以看看古今中外的英雄名士、专家学者，他们成功的奥秘之一就是勤奋。除了勤奋，别无他路。在勤奋中打发时间，每个人都将获得生活的奖赏。

心性专一，有始有终

我辈致知，只是各随分限所及。今日良知见在如此，只随今日所知扩充到底；明日良知又有开悟，便从明日所知扩充到底。如此方是精一功夫。

——王阳明箴言

以前人们常用泥烧制而成沙锅，来熬制中药或在冬季煨汤，这种锅使用起来很方便，但是也非常容易打碎，而且一碎就会一裂到底。后来世人常常用“打破沙锅问到底”来形容执著的求证精神和做事的专注精神。

王阳明在龙场悟道后，其心学有了发展的基础和方向。历史上对于“龙场悟道”的描写都有些神秘色彩，但无论多么神秘，有一点可以肯定的就是，王阳明在悟道之前无时无刻不在努力思考着心中的问题。他认为，每天都要把今天所得的知识扩充到底、研究到底，这样才能做成学问，才是“精一功夫”。

其实，做什么事情都要有一种执著的精神，一股打破沙锅问到底的劲头。专注不仅使人走向成功，也更容易感到生活的快乐。当我们用心去做一件事的时候，就会产生更大的能量。

宋初，宋太宗命李昉等编了一部书，全书共一千卷，共搜集和摘录了一千六百多种古籍的重要内容，分类归成五十五门，是一部很有参考价值的书。这部书是在宋太宗的太平兴国年间完成

的，因此原定书名为《太平编类》。

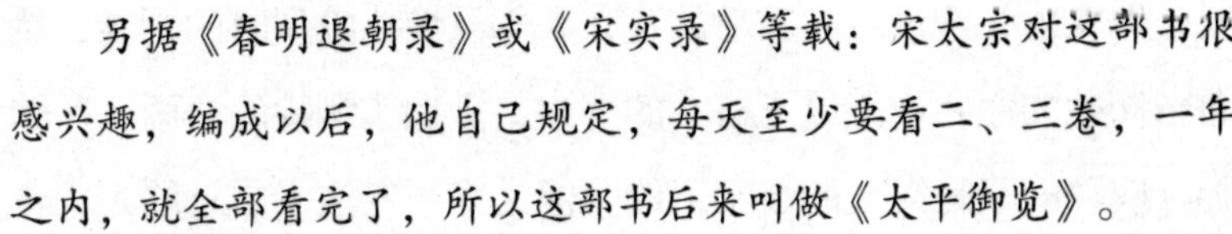

另据《春明退朝录》或《宋实录》等载：宋太宗对这部书很感兴趣，编成以后，他自己规定，每天至少要看二、三卷，一年之内，就全部看完了，所以这部书后来叫做《太平御览》。

当时有人认为，皇帝在处理国家大事之外，每天还要阅览这部书，未免辛苦，于是劝他少看一些，也不一定每天都得看，应注意休息。可是宋太宗却说："朕性喜读书，颇得其趣，开卷有益，岂徒然也。"

宋太宗作为一国之君，事务繁忙，却仍然能够抽出时间来钻研学问。是因为他把读书当作一种乐趣，专注于其中时，不觉疲倦，反而深感愉悦。古人说，人可一日不食肉，不可一日不读书。学问要靠累积，所以，人要抓住一切机会读书。只有这样，才能滴水穿石，积累起高深的学问。

生活中，专注不是一种枯燥的实践。许多成功人士，在对事业的追求中做事专注，像小朋友搭积木，拆了做，做了拆，乐在其中；辛劳惯了的农民，让他闲上三五天，他便心里发慌，不如在田里劳作开心；作家爬格子苦不堪言，但如果一天不看书，不动笔，便会觉得魂不守舍，大抵各行专注其事的人都如此。王阳明也是这样，晚年的他身体虚弱，就是因为在年轻时候落下的病根，专注于学习的他，白天除了准备科举考试之外，晚上还挑灯夜读，常常整夜整夜不睡觉。

"衣带渐宽终不悔，为伊消得人憔悴。"在爱情故事里，这是凄美、纯粹的恋爱境界。而如果这里面的"她"换成事业，那么为它受苦的境界不也正是人生一大乐事吗?

做一行爱一行，乐在其中便是专注。因为乐于所做之事，专注便顺理成章。曹操之于权谋，李白之于诗酒，还有法国拿破仑之于战争与冒险，毕加索之于绘画。他们专注其中，既取得了非凡成就，也得到了娱乐。若无自娱的乐趣或让他们放弃自己的乐

趣，他们便不会有最后的成就。

作家冰心曾说："成功的花，人们只惊慕她现时的明艳，然而当初她的芽儿，浸透了奋斗的泪泉，洒遍了牺牲的血雨。"的确，成功的路是漫长的、辛苦的，但是为了专注于成功的人，也正像是专注于恋爱的人一样，纵使瘦了累了憔悴了也不会后悔，纵使千帆过尽皆不是也不是懊恼，因为没有专注于"她"的境界也就不会成就纯美的爱情，没有专注于事业追求成功的辛劳也就不会有乐享专注，尽在其中的陶醉与乐趣。

勤于求知，细于做事

问难愈多，则精微愈显。

——王阳明箴言

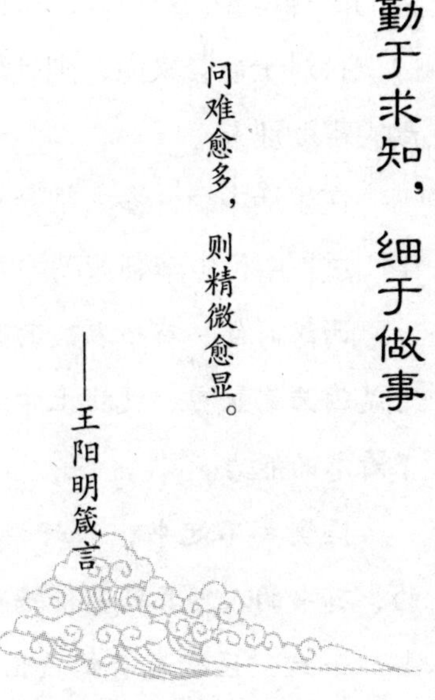

庄子说：吾生也有涯，而知也无涯。一个人，若想有一个美好的、成功的人生，必须不断学习，才有可能。王阳明认为，在学习中问的问题越多，说明他的学问就会更加精细。而要想“问难愈多”，必然离不开勤奋。他还曾说过：“学者时时刻刻学睹其所不睹，常闻其所不闻，工夫方有个实落处。”治学要时时刻刻抱着求知的心态，勤奋才能成才，做事也一样要勤奋、细致才能成功。

如果没有勤奋，想要做成事业是万万不可能的：“千古之圣贤豪杰，即奸雄有立于世者，不外一‘勤’字。”奸雄也是出类拔萃之人，他们同样需要经过不懈的奋斗才能为历史所承认，更何况是英雄呢？

曾国藩也非常重视“勤”字，他晚年在家训四条中，关于勤劳的阐述最为详备。他说喜欢安逸、厌恶劳作是人之常情，一个人如果能战胜惰性，每天所用衣食与自己对社会的贡献相当，那么自然会得到旁人乃至鬼神的认可。古代贤者的言行，体现了勤

劳的两种境界：对于自己来说，通过劳动培养了一技之长，增长才识；对于社会来说，则是能够体会到别人的困难，用自己的行动去帮助别人。

在生活中，许多人都会有很好的想法，但只有那些在艰苦探索的过程中付出辛勤劳动的人，才有可能取得令人瞩目的成就。

西汉时候，有个农民的孩子，叫匡衡。他小时候很想读书，可是因为家里穷，没钱上学。后来，他跟一个亲戚学认字，才有了看书的能力。

匡衡买不起书，只好借书来读。那个时候，书是非常贵重的，有书的人不肯轻易借给别人。附近有个大户人家，有很多藏书。一天，匡衡卷着铺盖出现在大户人家门前。他对主人说："请您收留我，我给您家里白干活不报酬。只是让我阅读您家的全部书籍就可以了。"主人被他的精神所感动，答应了他借书的要求。

过了几年，匡衡长大了，成了家里的主要劳动力。他一天到晚在地里干活，只有中午歇晌的时候，才有工夫看一点书，所以一卷书常常要十天半月才能够读完。匡衡很着急，心里想：白天种庄稼，没有时间看书，我可以多利用一些晚上的时间来看书。可是匡衡家里很穷，买不起点灯的油，怎么办呢？

有一天晚上，匡衡躺在床上背白天读过的书。背着背着，突然看到东边的墙壁上透过来一线亮光。他站起来，走到墙壁边一看，原来从壁缝里透过来的是邻居的灯光。于是，匡衡想了一个办法：他拿了一把小刀，把墙缝挖大了一些。这样，透过来的光亮也大了，他就凑着透进来的灯光，读起书来。

匡衡就是这样勤奋学习的，后来他做了汉元帝的丞相，成为西汉时期有名的学者。

匡衡勇于战胜艰苦的条件，勤奋的读书的精神；为我们树立刻苦读书的好榜样。匡衡为了获得学习的机会，甘愿给有书的人

家打工，而他“偷”光的行为，更是令人感叹。

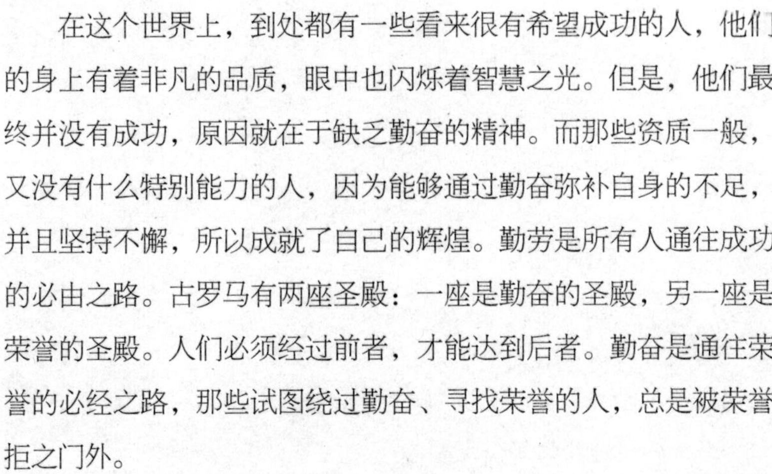

在这个世界上，到处都有一些看来很有希望成功的人，他们的身上有着非凡的品质，眼中也闪烁着智慧之光。但是，他们最终并没有成功，原因就在于缺乏勤奋的精神。而那些资质一般，又没有什么特别能力的人，因为能够通过勤奋弥补自身的不足，并且坚持不懈，所以成就了自己的辉煌。勤劳是所有人通往成功的必由之路。古罗马有两座圣殿：一座是勤奋的圣殿，另一座是荣誉的圣殿。人们必须经过前者，才能达到后者。勤奋是通往荣誉的必经之路，那些试图绕过勤奋、寻找荣誉的人，总是被荣誉拒之门外。

隋朝人李密，少年时候被派在隋炀帝的宫廷里当侍卫。他生性灵活，在值班的时候，左顾右盼，被隋炀帝发现了，认为这孩子不大老实，就免了他的差使。李密回家之后，有些懊丧。他左思右想，发誓一定要出人头地。于是，李密开始发愤读书，决定做个有学问的人。有一回，李密骑了一条牛，出门看朋友。在路上，他把《汉书》挂在牛角上，抓紧时间读书。此事被后世传为佳话。经过多年努力，李密终于成为一位有学之士。

李密成功有什么诀窍吗？有，那就是他是通过勤奋读书才获得成功的。一勤天下无难事。

从古至今，从精卫填海到悬梁刺股、凿壁偷光，无一不在讲述着勤奋、认真的功效。王阳明讲良知时也说到只有勤勤恳恳，兢兢业业，良知自然就会常存。所以，只要勤奋求知，细致做事，坚持不懈，有困难也能克服，悬梁刺股的疼痛、凿壁偷光的贫寒都不能阻挡成功的脚步，而如果我们本来就不需要面对这些困难，还有什么理由虚度光阴呢！

学习在某种程度上说，是人生的第一要务。一个不求知的人，不勤奋的人只能永远生活在愚昧之中，只有不断学习、不断求知的人才能有一个美好的前程。

第八章

静察己过，不论他人是非

静察己过，勿论人非

是非之悬绝，所争毫厘耳。

——王阳明箴言

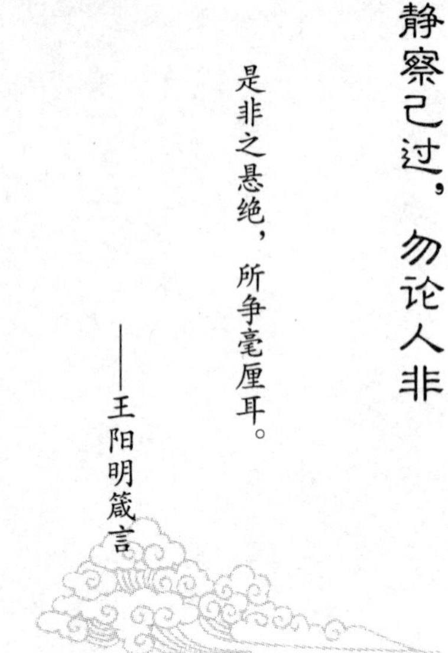

有一个朋友经常因为生气而指责别人。王阳明告诫他说：“人要经常自省，若老是去指责别人，看到的只能是别人的错误，就不会看到自己的缺点。返身自省，才能看到自己的不足之处，也就不会去指责别人了。实实在在地用功，不去论别人的是非，这样就会处处得益。如果不用功，那么自己就会被这些是是非非累垮。”

谈论他人是非并不是一个好的行为方式，古人曾如此告诫世人：“时时检点自己且不暇，岂有工夫检点他人。”圣人孔子也曾说过：“躬自厚而薄责于人。”其意思无非是，在静查己过的同时勿论人非。

“静坐常思自己过，闲谈莫论他人非”，这是古人修身的名言，告诫人们要常怀自省之心，检讨自己的过失，闲谈之时，不要谈论他人是非。提高品德修养，常怀宽阔胸襟，严于律己，宽以待人，这于个人修身确实重要。

南宋末年有一个年轻人名叫许衡，因聪明勤奋而在当地颇为

知名。一次，许衡独自赶路，当时正是炎热的夏天，烈日像火球一样炙烤着大地。许衡由于长时间赶路而汗流浃背，口干舌燥。走着走着，他遇到了几个商贩在一棵大树下乘凉，那帮商贩也都又热又渴，但却没有水。

这时，远处走来一个人，他怀里捧着一堆梨子说：“前面有梨树，大家快去摘来解渴。”商贩们一听，赶忙收拾东西去摘梨。可是许衡却没动。

有个商贩奇怪地问：“你为什么不去摘梨呢？”

许衡问道：“梨树的主人在吗？”

商贩们都说：“梨树的主人不在，但天气这么热，摘几个梨解渴也没什么大不了的。”

许衡认真地说：“梨树现在虽然没有主人看管，难道我们自己的心也没有约束吗？我心有约束，不是自己的东西，又没经过主人的允许，我是绝不会去偷的。”

商贩们则不理会许衡，纷纷去摘梨。许衡见状，只好无奈地独自走了，他忍着炎热和口渴继续赶路。而那些吃到梨的商贩们则纷纷讥笑他是个愚人，不懂得变通。

许衡则恪守着自己的原则，不管在什么环境下都能坚持刻苦学习，终于成为宋末元初著名的学者。

许衡不是商贩们口中的“愚人”，而是懂得自律，有生活和做事的原则。一个没有原则的人，和无赖无异。人只有时时自省，给自己锻造身心的曲规，才能在不断地完善自我的过程中获得对自己有价值的东西，提高自我；同时，这也是一种自我价值实现的过程。

自省，就是自我反省、自我检查，以能“自知己短”，从而弥补短处，纠正过失。力求上进的人都是很重视自省的。因为他们知道，自省是认识自己、改正错误、提高自己的有效途径，自省使人格不断趋于完善，走向成熟。

而“勿论人非”则又体现出了古人对于为人处世的另一层哲理性的思考与智慧。的确，有是非之言的地方便成了是非之地。人生在世，你有你的是非，他有他的是非，是非总是讲不清的，而人往往容易为是非所累。

祖孙俩买了一头驴，爷爷让孙子骑着走时，别人议论孙子不懂得孝敬爷爷；孙子让爷爷骑着走时，有人指责爷爷不疼爱孙子；祖孙俩干脆都不骑了，又有人笑话他俩放着驴不骑是傻瓜；祖孙俩同时骑在驴背上又有人指责他们不爱护动物。结果，不知所措的爷孙俩只好绑起驴扛着走了。

祖孙两人最后不知所措，是因为他们深为那些“是非”所累。“是非”本身就是极其无聊的谈资，没有任何的意义。而且那些喜欢在背后议论他人、搬弄是非的人往往也是最可恶的人。其实，背后议论别人并非什么好事，也不是正人君子的作风，做人就应该做得光明磊落，有话就当面说，不要在背后搞任何的小动作。要知道，一味地去搬弄是非不仅害人，同时也是害己，对于自身而言没有任何好处，反而会让人看不起。

喜欢议论别人的人，对别人能够明察秋毫，而对自己却不能有个清醒的认识。越是喜欢议论别人的人，他本身也就存在着许多缺点，他们从不正视，不作自我批评。越是这样，缺点越是得不到改正，长此以往，缺点就会越来越多，到头来对自己没什么好处，对他人来讲也不会有什么好的影响。“正己才能正人”，不能律己，又何以要求别人呢?

在王阳明看来，是与非相差并不遥远，“所争毫厘耳”。的确，只差毫厘就有本质的变化了。正所谓“失之毫厘谬以千里”，好与坏、对与错、是与非只在一念之间。既然是这样，那么莫不如少谈论一些是非，多一些对自己的省察。

自省拭心心自明。只要我们经常地自我反省，每日多擦拭心灵，就能更好地完善自我，避免失败重演。

自省是去病的药

学须反己。若徒责人，只见得人不是，不见自己非。若能反己，方见自己有许多未尽处，奚暇责人？

——王阳明箴言

年少时候的王阳明曾到居庸关去“见世面”，他深深地被大漠风光吸引，回来之后并向父亲表达了以几万人马讨平鞑靼的志向，当时父亲批评他太狂傲。之后，王阳明经过一番思考、自省，向父亲承认了自己的错误。王阳明善于自省，在他立志成为圣贤的那一天起，“格物穷理”成了他每天必备的任务。但是格物并不是一天两天就能见成效的，在“格物”的过程中，王阳明也通过自省、反思，一次次地思考、一次次地推翻自己的理论，最后才得以创立了心学。可以说，王阳明的成功与他善于反躬自省是分不开的。

自省就在于不断地反省自我，善于承担生命给你的那一部分责任。一个不善于反省自己过错的人，总是把过错推给别人，推给上天，反省自己比登天还难。人人都犯过错误，但很少有人能自省。

孔子的学生曾参说，他每天从三方面反复检查自己：替人办事有未曾竭尽心力之处吗？与朋友交往有未能诚实相待之时吗？

对老师传授的学业有尚未认真温习的部分吗？他就是这样天天自省，长处继续发扬，不足之处及时改正，最终成为学识渊博、品德高尚的贤人。

有人怀疑反省自己的作用，认为反省了半天也不见得能改变什么。其实，经过它的荡涤，就能让俗世纷纷扰扰的尘埃从我们心中流走。

一位老人和他的小孙子住在一块。每天早上，老人都坐在厨房的桌边读一本书。

一天，他的孙子问道："爷爷，我试着像你一样读书，但是我不懂得书里面的意思。我好不容易理解了一点儿，可是我一合上书便又立刻忘记了。这样读书能有什么收获呢？"老人安静地将一些煤投入火炉。然后说道："用这个装煤的篮子去河里打一篮子水回来。"

孩子照做了，可是篮子里的水在他回来之前就已经漏完了。孩子一脸不解地望着爷爷。老人看看他手里的空篮子，微笑着说："你应该跑快一点儿。"说完让孩子再试一次。

这一次，孩子加快了速度。但是篮子里的水依然在他回来之前就漏光了。他对爷爷说道："用篮子打水是不可能的。"说完，他去房间里拿了一个水桶。老人说："我不是需要一桶水，而是需要一篮子水。你能行的，你只是没有尽全力。"接着，他来到屋外，看着孩子再试一次。

现在，孩子已经知道用篮子盛水是行不通的。尽管他跑得飞快，但是，当他跑到老人面前的时候，篮子里的水还是漏光了。孩子喘着气说："爷爷，你看，这根本没用。"

"你真的认为这一点儿用处都没有吗？"老人笑着说，"你看看这篮子"。孩子看了看篮子，发现它与先前相比的确有了变化。篮子十分干净，已经没有煤灰沾在篮子上面了。"孩子，这和你读书一样，你可能什么也没记住，但是，在你读书的时候，

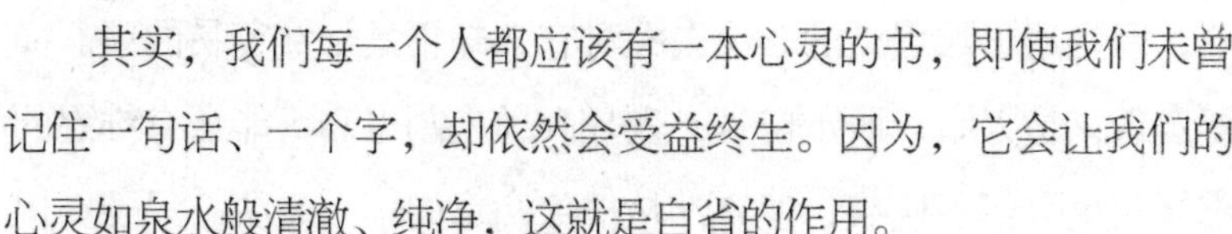

它依然在影响着你，净化着你的心灵。”

其实，我们每一个人都应该有一本心灵的书，即使我们未曾记住一句话、一个字，却依然会受益终生。因为，它会让我们的心灵如泉水般清澈、纯净，这就是自省的作用。

自省是道德完善的重要方法，是治愈错误的良药，它能给我们混沌的心灵带来一缕光芒。在我们迷路时，在我们掉进了罪恶的陷阱时，在我们的灵魂遭到扭曲时，在我们自以为是沾沾自喜时，自省就像一道清泉，将思想里的浅薄、浮躁、消沉、阴险、自满、狂傲等污垢涤荡干净，重现清新、昂扬、雄浑和高雅的旋律，让生命重放光彩，生气勃勃。

自省的主要目的是找出过失及时纠正，所以自省绝不可以陶醉于成绩，更不可以文过饰非。以安静的心境自查自省，才能克服意气情感的干扰，发现自己的本来面目，捕捉到平时自以为是的过失。

只有善于发现并且敢于承认自己的过失，才可以进一步纠正过失。我们常常看不到自己的短处，很多缺点都是旁人指出了才知道。这就要求我们有一颗平常心来对待别人善意的规劝和指责，反省自己的过失。

俗话说“忠言逆耳利于行”，那些逆耳忠言常常能照亮我们不易察觉的另一面。唐太宗李世民就有一面镜子——宰相魏征。倚助这位忠臣的当面进谏，唐太宗改正了自己的许多缺点，完善了治国之道，迎来了国家的空前繁荣。这个辉煌业绩的取得，不仅得益于魏征的敢于直言，更应归功于李世民的宽宏胸怀，试想，如果他是一个听不进意见的昏君，魏征可能早就人头落地了。正是由于他在听了魏征的谏言之后，能够认真地检讨自己、反省自身，才使得表面上听起来很刺耳的意见变成了治国安邦的金玉良言，而李世民的人格也因此变得崇高。

自省是一次自我解剖的痛苦过程。它就像一个人拿起刀亲

手割掉身上的毒瘤，需要巨大的勇气。认识到自己的错误或许不难，但要用一颗坦诚的心灵去面对它，却不是一件容易的事。懂得自省，是大智；敢于自省，则是大勇。割毒瘤可能会有难忍的疼痛，也会留下疤痕，但它却是根除病毒的唯一方法。只要“坦荡胸怀对日月”，心地光明磊落，自省的勇气就会倍增。王阳明的良知之说，即明心见性，就是以心为理，一切都在心中，所以只要心下自省，就是致良知。

古人云：“君子之过也，如日月之食焉。过也，人皆见之；更也，人皆仰之。”这句话的意思是，日食过后，太阳更加灿烂辉煌；月食复明，月亮更加皎洁明媚。君子的过错就像日食和月食，人人都看得见，但是改过之后，会得到人们更崇高的尊敬。

不贵于无过，而贵于能改过

夫旧习之溺人，虽已觉悔悟，而其克治之功尚且其难若此，又况溺而不悟，日益以深者，亦将何所抵极乎！

——王阳明箴言

“忏悔和爱是两种美德”。我们常常把“爱”和“对不起”的字眼挂在嘴边，然而这个世界上谁能说清楚什么是真正的爱呢？又有几个人能够真诚忏悔呢？孔子所说“三省吾身”的“省”含有忏悔的因素。有悔才能有改，不断地改正才能成为真正的圣人。

能够认识到自己做过的错事或者是错误的习惯而悔悟，这是一件不容易的事情。而王阳明进一步认为，即使悔悟了，要想战胜习惯的力量，改正这个错误更加不易。人是不怕犯错误的，怕就怕同样的错误一犯再犯。所谓“金无足赤，人无完人”，人都是不完美的，总是会犯这样或者那样的错误，因此，古人曰：“人非圣贤，孰能无过？过而改之，善莫大焉。”知错能悔能改，本身就是一种难得的品质。

在西晋时期，有一个名叫周处的人。他自小没了父母，又不听长辈的管教，到处惹是生非，打架斗殴，横行乡里，当地的百姓都很讨厌他。当时，百姓们将村子旁边河中的蛟龙、山上的白

额虎和周处并称为“三害”。

后来有人就建议周处：“既然你这么有本事，何不去杀死蛟龙和猛虎，证明一下你自己的实力呢？”周处听了，为了证明自己比蛟龙和猛虎更厉害，决定去和蛟龙、猛虎搏斗。他上山击毙了猛虎，又下河斩杀蛟龙。经过了三天三夜，终于将蛟龙杀死了。周处三天没有回来，乡亲们都以为他已经死了，都高兴地互相庆祝。周处提着蛟龙的脑袋回到村里，看到乡亲们互相庆贺，这才明白，自己已经被大家痛恨到了极点。于是，他痛改前非，最后终于成为一个清廉的好官，被家乡的人们称颂。

周处能够袒露内心，正视自己的过失，不是一件容易的事情，它需要很大的勇气。王阳明告诉自己的学生，凡事要懂得从自己身上找原因，而不是在别人身上找原因。倘若我们能将这种反求诸己的忏悔融入我们的生活之中，成为我们生活的一部分。那么，忏悔对于我们而言或许并不是一件痛苦的事情，相反，它会是一种享受，你可以在忏悔中一直不停地进行思考，直到疲倦为止，甚至可以用苛刻收容你过去所有的过失，让这一切通过时间的作用变成神圣的永恒。

忏悔能洁净我们的灵魂，在忏悔中，我们能认识并改正已犯下的过错，并且在此基础上防止同样的错误再次发生，并且不断地改进并完善自身。

西汉时期，汉中有个叫程文矩的，他的妻子不幸去世，留下四个儿子，之后他又娶李穆姜为妻，也生了两个男孩。程文矩死后，繁重的家务和教育孩子的责任都落在了李穆姜身上。作为后母的李穆姜对程文矩前妻生孩子无比疼爱，甚至比对自己的亲生儿子还要好。但是，这四个孩子却一点都不尊敬她，还处处为难她，认为李穆姜是假仁假义。

久而久之，有邻居劝李穆姜不要再管这些了。李穆姜却说：“我要用礼仪劝导他们，不让他们走向邪路。”有一次，程文矩

前妻的大儿子程兴重病卧床，李穆姜十分难过，她不仅到处访求名医，还亲自熬药，将程兴照顾得无微不至。在李穆姜的精心照料下，程兴的病慢慢得以痊愈。而李穆姜的行为也深深感动了程兴。他不仅向李穆姜道歉，还对三个弟弟说："继母仁慈，我们兄弟却置她的养育之恩于不顾，真连禽兽都不如。虽然继母并不怪我们，对我们越来越好，但我们的罪过是不可宽恕的。"四兄弟感到非常悔恨，便跑到掌管刑罚的官员面前请求治罪。事情传到了汉中太守那里，太守不仅表彰了李穆姜，还让四子改过自新。在李穆姜的严格教育下，四子也都各有建树。

程文矩前妻的四个孩子认识了自己的错误，并且改过自新，才有了后来的建树。然而，在现实生活中，虽然也有很多人有勇气去承认自己的错误，却缺乏改过的决心，知错而不能改过。的确，承认错误只需要几分钟，但改正过错则需要花费很长的时间，没有毅力是做不到的，虽然勇敢地跨出了第一步，却因为无法持之以恒，终究难逃重蹈覆辙的结局。

人的一生总是难免会犯这样或者是那样的错误，而问题的关键则在于该如何去面对我们的过错。首先是知错，若连自己的错误都不承认，就无以说到下一步，其后果也必定会是一错再错。但若能去正视并且承认自己的过错，并且能在此基础之上对其错误进行改正，那么，错误对于我们而言便是一笔财富了，要知道，犯了错误改得早，就进步快。

有句名言：吃一堑，长一智。也就是告诉我们犯了错误，要接受教训，在哪里跌倒，就要在哪里爬起来，知错能改便是好样的。

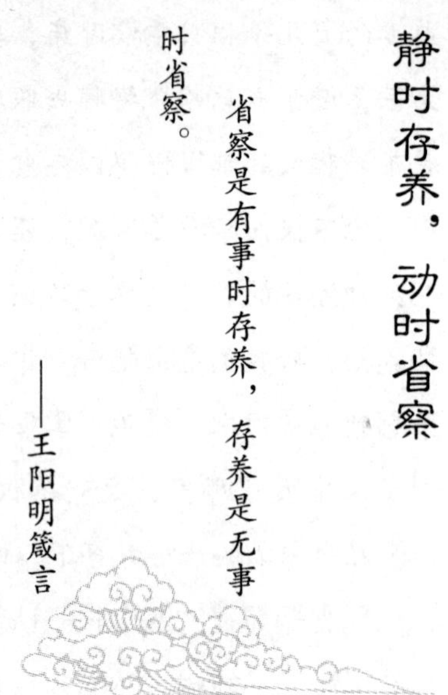

静时存养，动时省察

省察是有事时存养，存养是无事时省察。

——王阳明箴言

老子《道德经》中说：“知人者智，自知者明。”只有自知，才能知人。确实，人需要有自知之明。特别是在身处困境，地位低下的时候，一个人更应该反省自身，多思考一下自己的缺陷和不足，才能借由不断的自我调整而进步。

王阳明也很看重自我省察，他说省察是有事的时候存养天理，存养天理是无事的时候省察。通过省察看清自己是成功的基础，不能因为境况的不如意而迷迷糊糊，混了天日。

如果无法认清自己，就容易骄傲自满，就像装满了水的容器，稍一晃动，水便会溢出来。一个人若心里装满了骄傲，便很难听取别人的忠告，吸取别人的经验，接受新的知识。长此以往，必定故步自封，或止步不前，或猝然受挫。

夏朝时，诸侯有扈氏发动叛乱，率兵入侵，夏禹派他的儿子伯启抵抗，结果伯启被打败了。他的部下很不服气，要求继续进攻，但是伯启说：“不必了，我的兵比他多，地也比他大，却被他打败了，这一定是我的德行不如他，带兵方法不如他的缘故。

从今天起，我一定要努力改正过来才是。”从此以后，伯启每天很早便起床工作，粗茶淡饭，照顾百姓，任用有才干的人，尊敬有品德的人。过了一年，有扈氏知道了，不但不敢再来侵犯，反而主动投降了。

像伯启这样，肯虚心地检讨自己，马上改正有缺失的地方，那么最后的成功，舍他其谁呢？伯启的经历，与孔子的一句话很是契合，孔子说：“已矣乎！吾未见能见其过而内讼者也。”孔子说：“完了啊！我没见过能看到自己过失而深切自责的人。”孔子教育学生们要“修持涵养”，也就是注重修养。而“内讼”正是修养的一个不可缺少的部分。所谓“内讼”，说简单些，就是由内心对自己进行自我审判。怎么审判呢？就是，内心进行情感与理性、天理与人欲的权衡，找出自己的缺点，时时进行自我反省。

学到一点东西就自满自足，甚至不可一世、盲目骄傲，这都是可笑而且可怜的。对自己心存不满的人就像一个不断装入石子、沙子、石灰及水的木盆，它总是能放下更多的东西，人生也便在日积月累中提升。

对自己心存不满的人会随时随地为自己充电，他们从不会因为已有的知识和成绩感到骄傲，因为他们知道容器的容量虽然有限，心胸却可以无限扩展，他们总会把自己摆在最低的位置，实际上却能与伟大无限接近。

人生如秤：对自己的评价秤轻了容易自卑；秤重了又容易自大；只有秤准了，才能实事求是、恰如其分地感知自我，完善自我，对自己了然于心，知道自己能吃几碗干饭，有几许价值，才能做到自知之明。《吕氏春秋》中说：“物固莫不有长，莫不有短，人亦然。”一个人不仅要了解自己的能力有多少，也要知道自己的长处和短处在哪里，才能借由不断的自我调整而进步。

现实中人们常常秤重自己，过于自信和自重，总觉得高人

一等，办事忽左忽右，不知轻重，而造成不必要的尴尬和悲剧。当然也有秤轻自己的人，其表现为往往自轻和自贱，多委靡少进取，总以为自己不如人，而经常处于无限的悲苦之中。

自知之明来源于自我修养和自我慎独。因为自省才能自制自律，自律才能自尊自重，自重才能自信自立。自尊为气节，自知为智慧，自制为修养。人具备了自知之明的胸臆和襟怀，其人格顶天立地，其行为不卑不亢，其品德上下称道，其事业左右逢源。

自知之明与自知不明一字之差，两种结果。自知不明的人往往昏昏然，飘飘然，忘乎所以，看不到问题，摆不正位置，找不准人生的支点，驾驭不好人生命运之舟。自知之明关键在“明”字，对自己明察秋毫，了如指掌，因而遇事能审时度势，善于趋利避害，很少有挫折感，其预期值就会更高。所以，王阳明说懵懂的人，要是真的能在事物中省察，那么，愚蠢也会变得聪明，柔弱也会变得刚强。

终日不忘反省

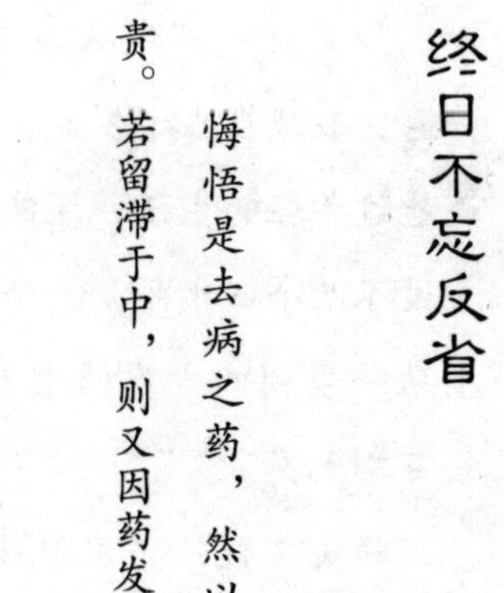

悔悟是去病之药，然以改之为贵。若留滞于中，则又因药发病。

——王阳明箴言

一个东西，用秤称过，才知道它的轻重，用尺量过，才知道它的长短。世间万物，都要经过某些标准的衡量，才知道究竟。而一个人更应该如此，经常反观自省，才能认识自己、改善自己。自省，简而言之就是自我检查、自我反省。

关于自省，在王阳明看来，不是目的，而是一个办法。人要学会自省，才能有所悔悟，然而悔悟就像是治病的药，如果握在手里看着，不吃下去，病还是不会医好。所以人应该通过自省、悔悟来不断地超越过去的自己，这样才有可能走向成功的道路。

从前有座山，山上住着师徒两人。师父经常模仿徒弟，徒弟做什么，他也做什么。徒弟浇水种地，他也浇水种地；徒弟玩石子抓麻雀，他也玩石子抓麻雀。甚至徒弟偷跑出去到集镇上玩，他也跑到集镇上玩。

终于有一天，徒弟说：“师父，您这么大岁数了，为什么总和我做一样的事情啊？”

师父说："我从四十岁起，就把年轻时候的事情重新做了一遍，我现在八十岁了，年轻时的我早就没有了。可是，我每天还能过年轻的生活，还能找到年轻的心态，所以我这四十年，等于过了两个四十年，一个从四十岁到八十岁的变老的四十年，一个从一岁到四十岁的重新年轻的四十年。如果这么说，我已经一百二十岁了。"

师父又说："况且小时候做过的事，肯定有很多荒谬可笑的，现在我知道哪些是对的，哪些是错的；哪些是宝贵的，应该保持，哪些是可笑的，应该一笑置之。就算保留的和抛弃的各占一半吧，那么我这重新年轻的四十年，节省了一半过去被荒废的时间，就相当于延长了一倍，要是这么说，我已经一百六十岁了。

"回顾过去，对现在是有好处的。它可以使现在的我避免错误、节约时间，在现实的路上走得更稳，让我这变老的四十年避免走许多弯路。所以这样算来，我恐怕还不止一百六十岁呢。"

故事中师父的年龄到底多大，没有深究的意义，重要的是要和他一样保持一颗年轻的心，时时自省。正如《菜根谭》里所说的：为人修身，应该时时自省。这一点做起来并不难，但总是被大家忽略。人生就像走路，有走得顺畅的时候，也有绕弯路的时候，甚至还有走入迷途的时候。如果不管以前走过什么路，不知反省，仍然照感觉行事，就像一只掰玉米的熊，掰下一个，丢了一个，最终腋下永远只夹着一个玉米。

人必须懂得反省，通过反省来发现问题、解决问题，从而提高自己。正如老和尚所说的，反省可以延长我们的生命，更重要的是，它让我们在以前的基础上有了提升，让我们超越了之前的那个自己。

有位哲学家在晚年的时候刺瞎了自己的双眼。别人都不理解他的这一举动。他说，我只是为了更好地看清自己。"知人者智，自知者明。”真正的聪明人必须具备自知之明。何谓自知之明？圣人都有自知之明，是因为他们时刻审视着自己。能够时时审视自己的人，一般都很少犯错，因为他们会时时考虑：我到底有多少力量？我能干多少事？我该干什么？我的缺点有哪些？为什么失败了或成功了？这样做就能轻而易举地找出自己的优点和缺点，为以后的行动打下基础。

人生最大的敌人是自己。那些认真审视自己、时刻反省自己的人，才可能真正觉悟。反省是一棵智慧树，只有深植在思维里，它才能与你的神经互联，为你提供源源不断的智慧，让人生这条路变得简单、精彩起来。可见，在工作中，只有不断自我反省，才能使自己不断进步。

不断做自我反省，才可以令自己立于不败之地。一直探索格物致知的王阳明在一次同友人的对话中说，要达到真正的格物致知，就必须仔细省察克治，不要让心中有丝毫的偏离。能够时时审视自己的人，一般很少犯错，因为他们会时时分析自己的优点和缺点，跳出自己的局限来重新观看、审察自己的所作所为是否正确，从而为以后的行动打下基础。

君子改过，人皆仰之

一念改过，当时即得本心。人孰无过？改之为贵。

——王阳明箴言

人在这个世界上生活、工作，就难免会犯错误，错了并没有什么，勇敢承认自己的错误反而会受到人们的敬仰和尊重。而生活中、工作中我们往往碍于面子，对自己的错误避而不谈，将错就错。其实承认错误是完全袒露内心，是灵魂从里到外对每个细胞的审视，是站在宇宙之上思维广阔的思考，是停下脚步仔细查看前后左右的条条道路。

在《寄诸弟》中王阳明说了这样一句话：一念改过，当时即得本心。人孰无过？改之为贵。意思是，很多错误都是一念之差造成的，“人非圣贤孰能无过”，但只要是将一念之过改正了，就可以得到“本心”，找回真正纯洁的灵魂。肯改正错误就是最可贵的，这样说来，敢于承认错误，改正错误的人就可以称得上是令人尊敬的君子了。

战国时期，赵国有一文一武两个得力的大臣。武将的叫廉颇，他多次领兵战胜齐、魏等国，以英勇善战闻名于诸侯。文官的叫蔺相如，他有勇有谋，面对强悍的秦王能够临危不惧。他两

次出使秦国，第一次使国宝“和氏璧”得以完璧归赵，第二次是陪同赵王去赴秦王的“渑池之会”，两次都给赵国争回了不少面子，秦王也因此不敢再小看赵国了。于是，赵王先封他为大夫，后封他为上卿，地位在大将廉颇之上。

廉颇对蔺相如很不服气。他想：蔺相如有什么能耐，无非会耍几下嘴皮子，我廉颇才是真正的功臣呢！他对手下的人说：“我要是见到了蔺相如，一定要让他尝尝我的厉害，看他能把我怎么样！”

这话传到了蔺相如的耳朵里，他干脆装病不去上朝，避免与廉颇发生冲突。他还吩咐手下的人，叫他们以后碰着廉颇的手下，千万要让着点儿，不要和他们争吵。一次，蔺相如出门办事，正碰见廉颇远远地从对面过来，蔺相如就叫马车夫把车子赶到小巷子里，让廉颇的车马先过去。

蔺相如的手下气坏了，纷纷责怪蔺相如胆小，害怕廉颇。蔺相如笑一笑，说：“廉颇和秦王哪个厉害呢？”手下说：“当然是秦王厉害了。”蔺相如接着说：“我连秦王都不怕，还会怕廉颇吗？要知道，秦国现在不敢来打赵国，就是因为国内文官武将一条心。我们两人好比是两只老虎，两只老虎要是打起架来，难免有一只要受伤，这就给秦国制造了进攻赵国的好机会。你们想想，国家的事要紧，还是私人的面子要紧？所以，我宁可忍让一点儿。”

这话传到了廉颇耳朵里，他感到非常惭愧。这日，他裸着上身，背着荆条，跑到蔺相如的家里去请罪。从此，两人成了最要好的知心朋友，一文一武，共同保卫赵国。

廉颇不仅是一员猛将，还是一个勇士，一个勇于面对错误、承认错误和改正错误的勇士。知错能改，这是我们从小便接受到的教育，但因为面子的问题，很多时候，即使明知自己犯了错，还是很难主动去认错。一味地回避自己所犯的错，是需要花费很

大力气的，与其浪费这么多的时间与精力，不如直接为自己的错"埋单"，并将它看作一次深刻的教训。人总是在不断的磕磕碰碰中长大的，错误只是一个小水坑，许多人都是被水溅湿过，才知道以后要小心地避开。所以，前进的路上不要害怕犯错，只要在犯错之后坦诚地接受并注意改正，之后的小水坑便会越来越少，前进的道路便会越来越顺畅。

一个懂得自省的人才会对自己存有不满，有了不满之心，提升的空间才会更大。对自己不满，首先要做到谦虚，因为只有谦逊之人才能警觉地意识到自己的不足。

王阳明曾说：人生最大的毛病就是傲慢。做人当少傲多谦，太自满、太傲慢，以一副倨傲的面容对人，反而容易让人看不起，谦虚的人才会受尊敬；做人当少拒多容，泰山不辞每一粒尘土才能成其大，大海不辞每一滴流水才成其浩瀚。海能成其大的最根本原因恐怕也在于它始终处在最低处，陆地上的江河流水才能顺势流向海洋。人们常说天使之所以会飞，是因为她们把自己看得很轻。而我们每个人，也只有改变向下看的视角，抬头仰望峰顶，不断省察自身，才能攀上更高的山峰。

达·芬奇曾感叹道："微少的知识使人骄傲，丰富的知识则使人谦逊，所以空心的谷穗高傲地举头向天，而充实的谷穗低头向着大地，向着它们的母亲。"愈是成熟的麦穗，头垂得愈低。成熟的果实，开花可以向上，结果却都是向下。

第九章

做事不贪大，做人不计小

财富是外形，心是快乐的根

常快活便是功夫。

——王阳明箴言

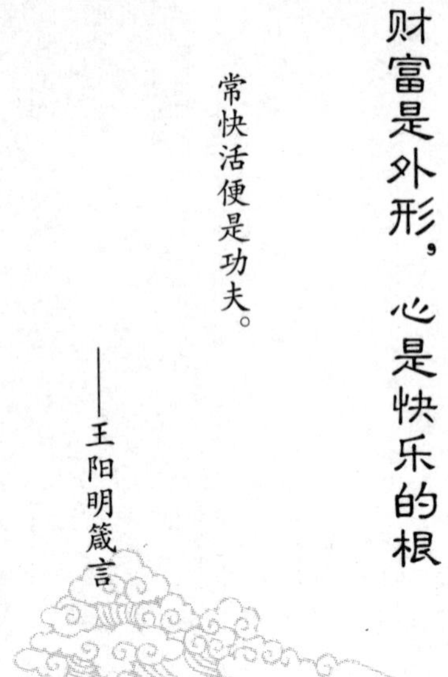

王阳明的学生陈九川卧病虔州，王阳明问他，病了之后是不是觉得格物穷理更加困难了啊？陈九川说，这个功夫确实太难了。王阳明告诉他："常快活便是功夫。"

的确，保持一颗快活的心很难。人总会遇到一些不如意的事情：生病了、降职了、失恋了、失业了等等，想到这些总是很难快活起来。在陈九川看来，格物穷理本就是一件很难的功夫，生病了就变得更难了。其实，先生的话实际是在劝诫他，快活不快活与外物环境没有太大的关系，主要在于内心。

物质环境的好坏，固然可以影响到人的心情与思想。但有高度精神修养的人，同样也能够以自己的心去改变环境。如果没有立身处世的道德标准和精神的修养，纵然有再多的财富、再好的物质环境，他也不会快乐。

快乐是一种身心愉快的状态，离苦得乐，是人最本质的需要。快乐很简单，它与一个人的财富、地位、名气无关，它不需要大量的金钱去支撑，也不需要以名气为后盾，更不需要乌纱帽来提携。相反，快乐只与一个人的内在有关，物质财富的获得可能让人获得快乐，可是处理不当则会成为人生的负累，生活从此远离快乐，永无宁日。

从前，有一个樵夫，他长年累月都以打柴为生，早出晚归，风餐露宿，但是家里仍然常常揭不开锅。于是他老婆天天祈求上天让他们早日脱离苦海。

真是苍天有眼，大运降临。有一天，樵夫在大树底下挖出了一包金子。转眼间，他就变成了百万富翁。于是他买房置地，宴请宾朋，好不热闹。亲朋好友也都像是一下子从地下冒出来似的，纷纷前来向他表示祝贺。

按理说樵夫应该非常满足了，现在终于知道荣华富贵是什么滋味了。可是他只高兴了一阵子，就开始愁眉苦脸，吃睡不香，坐卧不安了。他的妻子看在眼里，劝他说："现在我们有很多金子，吃穿不愁，又有良田美宅，你为什么还是愁眉苦脸的呢？你这个丧气鬼，天生就是个受穷的命！"

樵夫听到这里，不耐烦了："你个妇道人家懂得什么？我们得了金子的事情，人人都知道了。如果有人来偷来抢怎么办？我是愁没有最好的地方来藏它们。"妻子听过之后也觉得有理。于是夫妻二人开始找藏金子的好地方。可是无论何地他们都觉得不安全，结果就这样天天找，天天担心，生活没有了一刻的宁静。

挖出金子之后的樵夫并没有之前那么快乐，是因为他将金子看得过重。人生在世，名利钱财、金银珠宝等都是身外之物，即使时时刻刻永不停息、永无止境地去追求和索取它，也不会有满足的时候。相反，一味地追求反而丢失了生活的宁静与快乐，真是得不偿失。快乐无须附丽，它只是内心深处的富足，它像一缕清纯的阳光，既可以照亮自己，也可以照耀周围的人。那些身无长物的人，同样可以获得人生的快乐。

孔子说颜回："贤哉！回也。一箪食，一瓢饮，在陋巷，人

不堪其忧，回也不改其乐，贤哉回也！”颜回短暂的一生，师从孔子，周游列国，虽有满腹经纶，德才兼备，但是甘于贫苦生活而不改其乐，可以说是乐由心生、无须附丽的典型了。

当我们哀叹命运不公、抱怨时运不济时，以为只有得到名利才快乐，那真是一件可悲的事情。快乐其实很简单，它就住在每个人的心里，不过，需要你细细体味。王阳明曾经说过：乐是心的本体，只有心才是快乐的根。快乐不是霓虹灯下的买醉，不是一掷千金的快感。不放纵生命，不麻醉灵魂，珍惜生命的点点滴滴，才是快乐；拥有一颗感恩的心，感激生命，感激阳光雨露，忘却曾经的苦痛，快乐之情会油然而生；历尽沧桑后，快乐是一份安心，宠辱不惊，不为利驱，不为名逐，不为情惑，快乐是看花开花落、云卷云舒的散淡安然。

希望有所成就并且生活得逍遥自在、豁达明朗，就首先要努力使自己成为一个有道德教养的人，一个有良好品格的人，一个有丰富心灵的人，一个有益于他人的人，这样才能有效地防止那些使人沮丧和紧张的因素，从而充分享受工作和生活本身蕴涵的乐趣，在任何情况下保持一种“临清风，对朗月，登山泛水，肆意酣歌”的心境，陶陶然乐在其中，不亦快哉！行走青山绿水之间，且听风吟，了无牵挂，快乐盈心！

沉浮动静皆人生

尔却去心上寻个天理，此正所谓理障。

——王阳明箴言

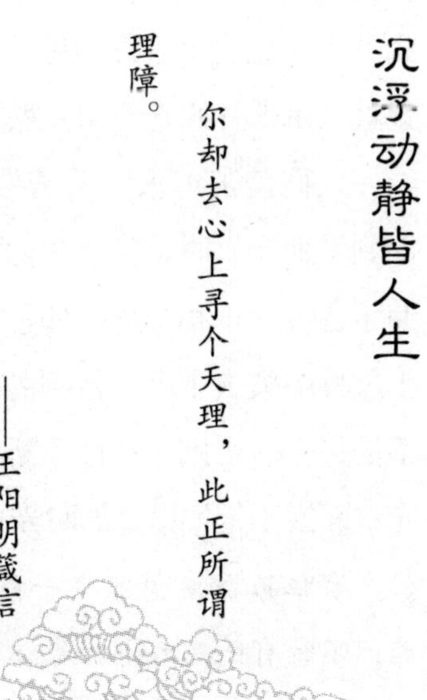

生是头，死是尾，中间的是过程，人生就是如此。不问来处，不问去路，只问今何处，才是现实。愚者以为幸福在遥远的彼岸，聪明者懂得将周遭的事物培育成幸福。快乐的人生不在山珍海味，而在清和淡雅；不在盲目追求，而在真诚相待；不在别人的施舍，而在自己的努力；不在遥远的未来，而在当下的获得。追求快乐的人生不在于快乐二字，而在于快乐的过程。

对于王阳明来说，从早年的官场争斗到后来的南征北战，从江西剿匪到平定宁王叛乱，再到后来的潜心治学教书，他的一生是短暂的，他逃不过死亡的结局；但他的一生又是漫长的，他的的确确闯出了一片天地，在这片广泛的天地之中干了一番大事业。在他生命的全部过程中他一直坚持着少年时候的志向与追求，无论是创立心学、提出“知行合一”，还是带兵打仗，为的都是报效祖国。他一直坚持自己的追求，并为之付出了毕生心血，他的人生是成功的也是幸福的。

对于一个人来说，从胎儿，婴儿，孩童，少年，青年，中年

到老年，是这个过程诠释了生命的真谛，它包含了酸甜苦辣，凸显着人生得意的光芒和失意的暗淡。

人们苦苦追求，苦苦寻觅，只为了得到一个结果，但当你得到了那个果时，常会变得失望，反而是在争取的过程中，你尝遍了各种快乐和心酸，那种滋味才令人回味无穷。不要因为在人生过程中失去了那些得到的东西而忧心忡忡，因为已经得到，就不怕失去。否则，在你不断为失去而感叹时，你会错过大好的时光，而说不定你错过的时光，会让你得到更好的事物。

有位孤独者倚靠在一棵树上晒太阳，他衣衫褴褛，神情委靡，不时有气无力地打着哈欠。

一位智者由此经过，好奇地问道："年轻人，如此好的阳光，如此难得的季节，你不去做你该做的事，却懒懒散散地晒太阳，岂不辜负了大好时光？"

"唉！"孤独者叹了一口气说，"在这个世界上，除了我自己的躯壳外，我一无所有。我又何必去费心费力地做什么事呢？每天晒晒我的躯壳，就是我要做的所有的事了。"

"你没有家？"智者问道。

"没有。与其承担家庭的负累，不如干脆没有。"孤独者说。

"你没有你的所爱？"

"没有，与其爱过之后便是恨，不如干脆不去爱。"

"你没有朋友？"

"没有。与其得到还会失去，不如干脆没有朋友。"

"你不想去赚钱？"

"不想。千金得来还复去，何必劳心费神动躯体？"

"噢。"智者若有所思，"看来我得赶快帮你找根绳子。"

"找绳子干吗？"孤独者好奇地问。

"帮你自缢。"

"自缢？你叫我死？"孤独者惊诧道。

“对。人有生就有死，与其生了还会死去，不如干脆就不出生。你的存在，本身就是多余的，自缢而死，不是正合你的逻辑吗？”

孤独者无言以对。

“兰生幽谷，不为无人佩戴而不芬芳；月挂中天，不因暂满还缺而不自圆；桃李灼灼，不因秋节将至而不开花；江水奔腾，不以一去不返而拒东流。更何况是人呢？”智者说完便转身离去。

正如智者所说：“江水奔腾，不以一去不返而拒东流。”人生是过程，这是一个最简单但又最不为人注意的错误。人生目标是我们永远的明天，我们的人生永远是今天。有目标的人是活得有意义的人，能看重人生本身这一过程并把握住过程的人是活得充实而真实的人。“没白活一辈子”，应该是目的和过程两方面都有质量。许多人活了一辈子，到头来，还没有得到人生过程的乐趣，没有享受人生，这是一种生命自觉与自省的缺乏。沉浮动静皆人生，体悟每种境遇，不以物喜，不以己悲，得失沉浮皆是人生所获的赐予。

沉浮动静皆人生。如果我们总用一种效益坐标来判别人生的状况，前进为正，后退为负，上升为优，下沉为劣，那么，我们就永远不能读懂人生。其实，追求幸福的过程，才是最幸福的。既然每个人最终的结局都是相同的，赤条条来去无牵挂，那么还不如在追求一切的过程中好好享受，这才不枉在人世走一遭。

无执无著，无滞无留

读书作文安能累人？人自累于得失耳。

——王阳明箴言

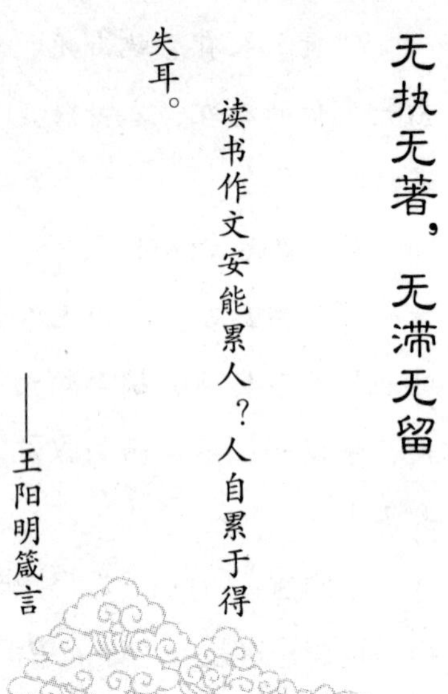

王阳明的一生，几经起落，但无论是京都的富贵还是穷乡僻壤的贫寒他从来没有计较过。他认为，人之所以活得很累，就是因为太过于计较自己的得失。人生就像天气一样变幻莫测，有晴有雨，有风有雾。无论谁的人生，都不可能一帆风顺，况且，一帆风顺的人生，就像是没有颜色的画面，苍白枯燥。等人老了的时候，回过头看看自己走过的路，开心的、伤心的，不都成了过眼云烟吗？一路走过来，难免会有许多辛酸的泪水，同时也会有许多欢乐的笑声，当一切成为过去，谁还记得曾经有多痛，曾经有多快乐。

按照这种思路想来，一切都会过去的。那么，对于眼前的不幸，又何必过于执著？世间万事，来不可阻挡，去也不必挽留。生生死死，哭哭笑笑，一切的幸与不幸，都只是一个过程。

明朝开国文臣之首、大学士宋濂在《秦士录》中写了一介狂士。

秦士指的是邓弼，他以力量称雄，喜欢酒后使性，对旁人怒目而视，人们就说："狂徒不可接近，接近则必受奇耻大辱。"

有一日，他在青楼独自饮酒，看到萧、冯两位书生经过楼下，就把他们拉来共饮。这两人向来瞧不起他，就百般推脱。邓弼发怒说："你们如果不接受我的邀请，那我就杀了你们，刃虎逃命到荒山僻野去，怎么可能让你们如此侮辱我！"

两书生不得已，只好和他一起去。邓弼一边大声吆喝着要酒喝，一边高歌。喝到畅快之处，他解开衣服，两腿岔开，粗鲁地席地而坐，还拔刀放在桌面上，铿然作响。两位书生向来听说他酒后发狂，想起身离开，邓弼制止说："不要走！我也稍微读了些诗书，你们何至于把我看得如此低贱？今日并非特意请你们喝酒，只是想略吐胸中不平之气罢了。经、史、子、集四部的书籍任凭你们询问，如果不能回答，就让这把刀沾上鲜血。"

两书生说："竟有这样的事？"便摘取七经数十义问他，邓弼列举古书中注释经文的文字和解释传文的文字，不漏一句。他们又询问历代史事，上下三千年谈吐流畅，滔滔不绝。

邓弼笑着说："你们服不服？"

两书生相顾，面露沮丧失色，不敢再有问题。邓弼取酒，披头散发跳着说："我今天压倒老书生了！古者学在养气，如今的人穿着读书人穿的衣服，反而毫无生气，只想卖弄学问，把世上豪杰当小孩子抚养。你们还是算了吧。"

两书生向来以博学多才而自负，听到邓弼的话大感惭愧，下楼去了，走路都不正常。回去问与邓弼交往的朋友，也没有看见他拿着书本低声吟咏过。

虽然天生神力，但是因丞相阻挠，他始终没有受天子之重用。他慨叹说："天生一具铜筋铁肋，却不能建立功勋在万里之外，而只能困死在野草之下，生不逢时啊，这就是我的命啊！"

随后进王屋山做了道士。十年后死去。

邓弼满怀的壮志难酬，最后选择遁入空门来回避现实，正是已经对人生心灰意冷，如此，还有何乐趣可言呢？

苏轼曾在赤壁慨叹道：“人生如梦，一樽还酹江月。”既是如此，又何苦执著？

众生苦苦寻求，就是为了离苦得乐，然而，什么才是快乐的真正法门？也许我们可以从这句话中找到答案：“不要讨厌坏境界，也不要贪求好现象，只有不忮不求，才能无欠无赊，才能体会到真正的快乐。”命运弄人，它总是喜欢以玩笑来捉弄世人，那么，我们又何必太较真呢？有时候不妨也以游戏的心态面对，“游戏”不是态度，而是一种心情。逆境中要勇于承担，切不可自暴自弃；顺境中要谦卑恭谨，切不可得意忘形。

生活不会永远一帆风顺，正因为如此，我们的生活才有滋有味、绚丽多彩。在跌宕起伏中保持一颗平常心很重要，不以物喜，不以己悲，宠辱不惊，去留无意，在平淡中给自己一分力量，在喧闹中给自己一分宁静。

王阳明在一封信中这样写道：普通人和圣人都怀有快乐之心，只是普通人却不自知本身拥有这种快乐，反而还要自寻烦恼，久而久之自己便舍弃了这份快乐。其实，即便真正处于烦恼迷离的处境当中，这种乐的本体也是不会消失的。快乐是一种独特的体验，真实的存在，无论雅俗，都会活得有滋有味，也用不了太多的心思，你就会发现活着本来就不错。比如说，你有大本事或小本事，朋友多，路子广，会有种种发迹的机会；你拥有爱情，拥有家庭，拥有多彩的故事，你总有一些盼望，会发现一些趣事，甚至某个消息、某个话题、某种现象都能让你兴奋。这兴奋可能太俗，让人瞧不上眼，或根本就不值。但只要是真实快乐的体验，也就够了。即使真正遇上不称心的事，也别抱着死理，跟自己过不去，这样你便能从容应付、潇洒地走出困境。

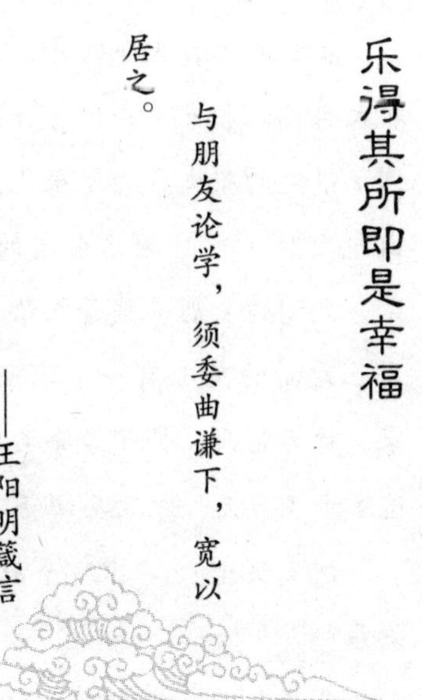

乐得其所即是幸福

与朋友论学，须委曲谦下，宽以居之。

——王阳明箴言

王阳明对孔子的弟子颜回“一箪食，一瓢饮”安贫乐道的生活情趣十分有感触。在他看来，这正是最为本质的幸福体现。王阳明认为每个人对于幸福都有自身的体验，所谓人人追求的幸福和快乐并非三年小成，五年大成后的满足，因为大多数的人都生活在平凡的俗世中，正因如此，幸福的真谛就是发于真性情，做自己喜欢做的事情，由此得到的小小快乐即是幸福。这种幸福简单而不花哨、真实而不虚浮；看得见摸得着，即便清贫，也乐在其中。

然而，现代生活中，每个人都戴着伪装的面具，快乐这个童年时候最容易获得的简单词汇，却在成人的字典里面慢慢消失了。其实，快乐就像一本大书，只有用心去读，才能品味到处处埋藏的快乐。只有明白生活中的真理，才能攫取未曾被注意的快乐。快乐就在平凡单调的生活中，快乐就在豪放洒脱的自在中，快乐就在怡然自得的闲情中，只有豁达胸怀，快乐和幸福才能从点点滴滴的细节中被释放。

春秋战国，天下纷争，诸侯们每天想着就是如何消灭对方，扩大自己的疆土。一次，齐国撕毁了与魏国的盟约，让魏国遭受到了很大的损失，为了报仇，魏王决定攻打齐国。就在大军就要出发之时，当时闻名全国的贤士戴晋人要求见魏王，魏王同意了。见到魏王后，戴晋人给魏王讲了个故事："蜗牛长着两只触角。左面的角上有一个国家，称为触氏；右面的角上有一个国家，称为蛮氏。为了争夺领地，两国交兵开战，伏尸数万，胜者追了十又五天，才收兵回营。"

魏王笑道："你这个故事很有意思，可是，这与我有什么关系？"

戴晋人说："这跟大王您有密切的关系，不信的话，我来为你论证一下：以大王来看，四方上下有穷尽吗？"

魏王说："没有穷尽。"

戴晋人又问："人的心巡游过无穷无尽的宇宙之后，返回到人世，可不可以说人世渺小到了似有似无？"

魏王说："对。"

戴晋人紧跟着又问："人世既然渺小到了可有可无的地步，而魏国只是人世间的一个很小的地方，国都又是魏国之中很小的一块地方，大王又是国都中很小的一个形体，那么，相对于无穷无尽的宇宙而言，跟蜗牛右角上蛮氏国的国王又有什么分别呢？"

魏王说："没有什么分别。"

说完这句话，魏王突然觉得征战和扩疆都是无聊之举，交兵争胜，所得不过蜗牛一角之地，实在没有多大意义。

照戴晋人的意思说来，国家征战不过是在一亩三分地上做的小孩游戏而已，与苍茫宇宙相比，渺小而不堪用，没有任何意义，照此说来，人生在世又何尝不是如此？有人早出晚归，披星戴月，想要一番作为，这固然不错，但同时却又失去了平常生活

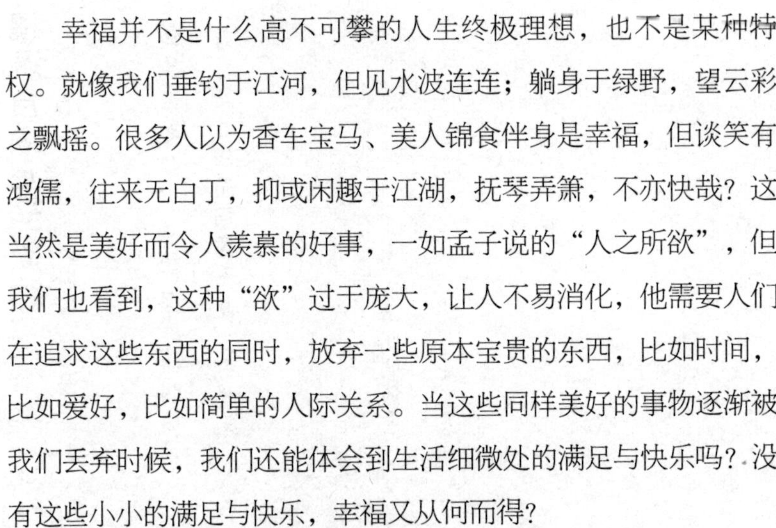

中的平常乐趣，所谓幸福的滋味也就再也找不回来了。

幸福并不是什么高不可攀的人生终极理想，也不是某种特权。就像我们垂钓于江河，但见水波连连；躺身于绿野，望云彩之飘摇。很多人以为香车宝马、美人锦食伴身是幸福，但谈笑有鸿儒，往来无白丁，抑或闲趣于江湖，抚琴弄箫，不亦快哉？这当然是美好而令人羡慕的好事，一如孟子说的“人之所欲”，但我们也看到，这种“欲”过于庞大，让人不易消化，他需要人们在追求这些东西的同时，放弃一些原本宝贵的东西，比如时间，比如爱好，比如简单的人际关系。当这些同样美好的事物逐渐被我们丢弃时候，我们还能体会到生活细微处的满足与快乐吗？没有这些小小的满足与快乐，幸福又从何而得？

王阳明在耗尽毕生的精力探索佛家和道家之后，最后归于儒家。在他看来，儒家的中心是追求大众的和谐，所以讲互帮互助，讲明理行道，讲“达己达人”，但是儒家也倡导一种个人的情趣，这种个人的情趣着重于人格的修养与完善，具体来说，就是耐得住寂寞，懂得在平常中寻求不平常的人生意义。好比双手侵入凉水中，依然能感受到潺潺溪流在指尖流动的美妙感觉。

王阳明的心学强调人的主体性，他指出，主动地把握自己就是最好的归宿。儒家将这个归宿说成是“人之仁也”。就好像颜回“在陋室，人不堪其忧，回也不改其乐”。处陋室而不忘读书学礼，他乐在其中，心底享用着真正的快乐，所以他是幸福的。倘若我们能像颜回那样于生活点滴处发现怡然自得的美妙，那么幸福的身影就能被我们牢牢把握。

幸福源自内心的简约

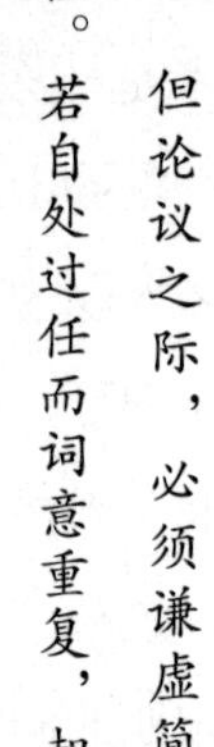

但论议之际，必须谦虚简明为佳。若自处过任而词意重复，却恐无益有损。

——王阳明箴言

古人有句话叫“大道至简”，用今天的话来说，就是“越是真理的就越是简单的”。著名的美籍华裔数学家陈省身先生有一个很有趣的“数学人生法则”，数学的一个重要作用就是九九归一，化繁为简。智者的简单，并非因为贫乏或缺少内容，而是繁华过后的一种觉醒，是一种去繁就简的境界。简单的过程是一个觉醒的过程。大道至简，健康的人生一定是一个去繁就简的人生。

对于这一点，王阳明先生也有过相关的论述。他认为为文应该“谦虚简明”才好。不简明、过多重复就有损而无益了。这句话虽然本来说的是议论、作文的道理，其实也是人生的道理。

人的一生会有许多追求：宽敞豪华的寓所；完整的婚姻；让孩子享受最好的教育，成为最有出息的人；努力工作以争取更高的社会地位；能买高档商品，穿名贵的皮革；跟上流行的大潮，永不落伍等。为了满足内心的虚荣，可能于不知不觉中逐渐地拥有很多，但是却也负担了很多，纷繁的生活让生活反而没有了意义。其实，幸福与快乐源自于内心的简约，简单使人宁静，宁静使人快乐。

有位中年人觉得自己的日子过得非常沉重，生活压力太大，想要寻求解脱的方法，因此去向一位禅师求教。

禅师给了他一个篓子，要他背在肩上，指着前方一条坎坷的道路说："每当你向前走一步，就弯下腰来捡一颗石子放到篓子里，然后看看会有什么感受。"

中年人照着禅师的指示去做，他背上的篓子装满石头后，禅师问他这一路走来有什么感受。他回答说："感到越走越沉重。"

禅师于是说："每一个人来到这个世上时，都背负着一个空篓子。我们每往前走一步就会从这个世界上捡一样东西放进去，因此才会有越来越累的感慨。"

中年人又问："那么有什么方法可以减轻人生的重负呢？"

禅师反问他："你是否愿意将名声、财富、家庭、事业、朋友拿出来舍弃呢？"那人答不出来。

禅师又说："每个人的篓子里所装的，都是自己从这个世上寻来的东西，但是你拾得的太多，如果不能放弃一些，你的生命将承受不起，现在决定了你的选择吗？丢下什么，留下什么？"

中年人反问禅师："这一路上，您又丢下了什么，留下了什么？"

禅师大笑道："丢下身外之物，留下心灵之物。"

常常有人提着一个袋子，边走边拾。一路上拾起无数他不想要的东西。当他遇到自己真正想要的东西之时，袋子已经装满了。对于绝大多数人来说，功名利禄就像背篓里的石子，得到的越多步履越沉，反倒是心灵之物，装得越多，人就会越有智慧，越是通达，越容易感受到幸福。

人在世上，无时无刻不受到来自外界的诱惑，一旦有了功

名，就会对功名放不下；有了金钱，就会对金钱放不下；有了爱情，就会对爱情放不下；有了事业，就会对事业放不下。当得到的东西太多了，超过生命的承载力，这个时候，你该怎么办？留下什么，舍弃什么，选择变得尤为重要。稍有不慎，就会背上沉重的枷锁，却与幸福擦肩而过。

人生不会一帆风顺，不如意事十之八九，得失随缘不要过分强求什么，不要一味地去苛求些什么。世间万事转头空，名利到头一场梦，想通了，想透了，人也就透明了，心也就豁然了。名利是绳，贪欲是绳，嫉妒和褊狭都是绳，还有一些过分的强求也是绳。牵绊我们的绳子很多，只有摆脱这些心的绳索，才能享受到真正的幸福，体会到做人的乐趣。

有些人，他们活着，却没有时间去多愁善感；爱着，他们却不懂怎么诠释爱情；他们满足，因为他们没有奢望生活过多的给予；他们简单，不用在人前掩饰什么。他们也许连幸福是什么都不知道，然而真正快乐的就是这么一群简单的人。

人之所以不快乐，就是因为不能够活得单纯；其实，不要去刻意追求什么，不要向生命去索取什么，不要为了什么去给自己塑造形象，其实，简单本身就是一种幸福。

第十章

能容能恕，路窄处让人一步

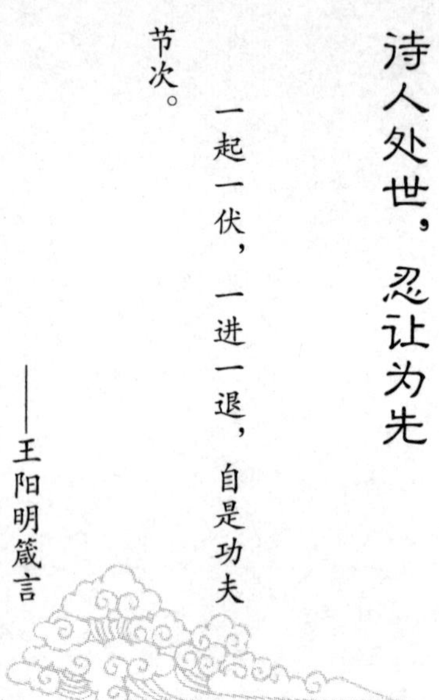

诗人处世，忍让为先

一起一伏，一进一退，自是功夫节次。

——王阳明箴言

在明朝正德年间，朱宸濠起兵反抗朝廷。王阳明率兵征伐，一举擒获了朱宸濠，为朝廷立了大功。但是当时受正德皇帝宠信的江彬十分嫉妒王阳明的功绩，以为他夺走了自己建功立业的机会。于是，就四处散布流言："最初王阳明和朱宸濠是同党，后来听说朝廷派兵征伐，才抓住朱宸濠自我解脱。"

王阳明听到这个消息之后，就与总督张永商议道："如果退让一步，把擒获朱宸濠的功劳让出去，就可以避免不必要的麻烦。假如坚持下去，不作妥协，江彬等人很可能狗急跳墙，做出伤天害理的勾当。"为此，他将朱宸濠交给张永，使之重新报告皇帝：擒获了朱宸濠，是总督军门和士兵的功劳。如此一来，江彬等人也就无话可说了。

王阳明称病到净慈寺修养。张永回到朝廷之后，大力称颂王阳明的忠诚和让功避祸的高尚之举，正德皇帝终于明白了事情的始末，就免除了对王阳明的处罚。王阳明以退让的方法，避免了飞来的横祸。

王阳明退让一步，换来了江彬的感恩戴德。在复杂的人生道路上，退让不仅是一种机智，也是一种坚忍的毅力和顽强的意志。瞬间的忍耐，有限的退让，将使狭隘的人生之路变得无限广阔。

唐朝娄师德性格稳重，很有度量。他弟弟当上代州刺史，临行向他告别，并征询他的建议。娄师德对弟弟说："我现在辅助丞相，你现在又承皇上厚爱，得以任州官，我们真是受皇上的宠幸太多了。而这正是别人所嫉妒的，你如何对待这些妒忌以求自免家祸呢？"娄师德弟弟说："自今以后，若有人朝我脸上吐唾沫，我自己擦去唾沫，决不叫你为我担忧。"娄师德说："这正是我所担忧的地方。别人向你吐唾沫，是对你恼怒，如果你将唾沫擦去，那岂不是违背了吐唾沫人的意愿吗？别人会因此而增加他的愤怒。不要擦去唾沫，让它自己干了，应当笑着去接受它。"

任唾沫自干，笑着忍耐接受，娄师德想要告诉我们的无非是"忍一时风平浪静，退一步海阔天空"的道理。能够将别人的愤怒化为无形是很不容易的事情，能够称赞挖苦过你的人，那真令人敬佩；能够用智慧、品行战胜狭隘的嫉妒，可以说更是很了不起的本事了。如果一个人平常为人在语言上肯吃点亏，让人一句，在事情上留有余地，肯让人一步，也许收获就能更大。

对于隐忍退让，王阳明也曾说过，起伏、退让都是功夫。就像海上波浪一样，有起就有伏，人生际遇有进也必然有退。

人之形形色色，事之千变万化。在现实生活中，常常遇到不如意的事，如不能处之泰然，就很容易引起心理上的不平衡，并进一步导致身体上和精神上的疾病。为了保持心理上的平衡，必须学会自己欣赏自己，对他人期望不要过高，以免对方达不到自己的要求，而感到失望。要及时疏导自己的愤怒情绪。在小的地方无须过分坚持，必要时应作出适当的让步。暂时回避，等情绪

稳定后再重新面对。不要处处与人竞争，对人多存善意，心境自然会变得平衡。

更多时候，有限的退让是一种自保的策略，更是一种为人处世必备的心理素质。因为只有退让才能换来更大的生存空间、发展空间；只有退让才能换来以后更长足的进步、更辉煌的前程。

待人处世，凡事要忍让为先。常言道："忍得一时之气，免得百日之灾。"对长辈容忍则孝，夫妻间容忍则和，对朋友容忍则善，对年幼者容忍则美。能容忍别人的人，别人自然会容忍你。忍字头上一把刀，一忍万事消。宁可人负我，绝不我负人。万一跟人有了争执，一定要这么想："小不忍则乱大谋。"对人应宽其胸，明其理，知其道，以嫌为上，切勿以己之心，度他人之腹。要知道："能忍耐终身受益，大学问安心吃亏。"

退一步，得饶人处且饶人

不管人非笑，不管人毁谤，不管人荣辱，任他功夫有进有退，我只是这致良知的主宰不息，久久自然有得力处，一切外事亦自能不动。

——王阳明箴言

王阳明不仅是著名的哲学家，更是一名出色的军事家。而王阳明的用兵之道往往与众不同，在别人认为应该进攻的时候，他却认为应该退守。宁王叛乱时期，朱宸濠久攻安庆不下，集结兵力的王阳明不顾众人从背后攻击叛军的意见，坚持认为应该退而攻南昌。结果证明他的判断是对的，南昌城攻下之后，朱宸濠彻底失去了反击的根据地。

其实，王阳明的军事思想和用兵之道也适用于我们的生活。人生是一场华丽的舞会，聪明人往往选择跳探戈，自始至终保持着优雅奔放、进退自如的姿态。我们无论处于何时何地，都会遇到各种各样的人，都要与各种各样的人相交相处。在人际关系中，难免会出现磕磕碰碰，难免会发生问题。有人说：只要有人的地方，就会有争斗。若想与他人和平相处，就要拥有一个良好的人际关系网，在原则范围内，偶尔的吃亏，偶尔的退让，既是一种包容的胸怀，也是一个友好的信号。若太过计较，双方都将陷入泥潭而难以挣脱，就像是那些在篓中

互相钳制难以逃生的螃蟹。

一个青年到河边钓鱼，遇到一捕蟹老人，身背一个大蟹篓，但没有上盖。他出于好心，提醒老人说：“大伯，你的蟹篓忘了盖上。”

老人回头看了他一眼，微微一笑：“年轻人，谢谢你的好意。不过你放心，蟹篓可以不盖。要是有蟹爬出来，别的蟹就会把它钳住，结果谁都跑不掉。”

那一篓互相钳制的螃蟹是否曾想到，钳住别人也就堵住了自己的出路。在现实生活中，留三分余地给别人，就是留三分余地给自己，就像跳探戈一样。

探戈是一种讲求韵律节拍，双方脚步必须高度协调的舞蹈。探戈好看，但要跳好探戈绝非一件轻而易举的事，很多高手均需苦练数年才能练就炉火纯青的舞技。跳探戈与处世，有着许多异曲同工之处，亲子、朋友、同事、上下级之间，如果能用跳探戈的方式彼此相处，彼此协调，知进知退，通权达变，不但要小心不踩到对方的脚，而且要留意不让对方踩到自己的脚。这样，人与人之间才能和睦相处。

而当有些东西对别人来说性命攸关，而对自己来说可有可无时，就成全别人好了，否则，“兔子急了也咬人”，惹急了别人，对自己也没有好处。

秦桧担任宰相的时候，有一个自视清高的书生，因为想在仕途上有良好的发展，但自知没什么背景，心想如果不用上一些手段，恐怕一辈子别想有什么希望。

这个胆大包天的书生居然把脑筋动到当朝红人秦桧的身上，不但精心伪造了一封秦桧的推荐信，还大摇大摆地拿着前去拜访扬州太守。

书生认为太守一定会慑于秦桧的权势对他另眼相看，同时，也吃定太守应该不会也不敢去查对推荐信的真伪。

不料，这个太守并不是一个糊涂虫，书生这两下子早被他看穿了。于是，太守收缴了伪信，还将他押送到京师，交由秦桧亲自处置。意外的是，秦桧知道这件事后，居然没有动气，反而给这位吃了熊心豹子胆的书生一个重要的官职。

秦桧的左右都觉得很奇怪，就问他为什么这样做。

秦桧说：“有胆量假冒我的书信之人，必然不是平常人。杀了他，未免太可惜，但如果不用官职来给他一条路走、一口饭吃，除非一辈子将他关在牢里，否则这个人就很可能会转而投靠其他势力，必定后患无穷！”

秦桧通过隐忍为自己谋得一个盟友，也为将来少立了一个敌人，也是一种保全自己的手段。生活中有不少人难忍一时之气，从而与人起了正面冲突，“伤敌一千，自损八百”，最后是两败俱伤。这又何苦呢？毕竟牺牲是一时的，保全却是一世的。

与人方便就是与己方便，在人生中，将别人渴望的东西主动送上门去，能免愤恨、招感激，为自己赢得一份宝贵的人情，给自己以后的人生留下了余地。因为世事艰险，谁也说不准会遇到什么天灾人祸，如果不注意在人生的点滴处留人情，就会无形中给自己埋下不少可怕的定时炸弹！而如果得饶人处且饶人，适当地网开一面，也许就在无形中消除了很多危险。

宰相之肚，纳小人之船

凡人言语正到快意时便截然能忍默得，意气正到发扬时便翕然能收敛得，愤怒嗜欲正到胜沸时便廓然能消化得，此非天下之大勇者不能也。

——王阳明箴言

“宰相肚里能撑船”不是一句虚话，但凡真正的大人物，都有相对广阔的胸襟，斤斤计较之辈，一般难有太大的出息。

王阳明虽然没有做过宰相，却比一般宰相还要大肚。平定了叛乱，俘虏了宁王朱宸濠之后，他先是把功劳全都让给了别人，而之后，朝中公公张永向王阳明索要朱宸濠筹备造反时打通关系送礼行贿的账本，张永本想借此账本整理整理那些平时跟王阳明唱反调的人，但王阳明却声称把这个账本给烧了。在他眼中，叛乱已经平定，再没有理由大动干戈，就到此为止吧！

一个真正成功的人，必须要有博大的胸襟。一个胸襟宽广的人，才能不被狭隘偏私所限制，才能认识生命真正的意义，成为识人才的伯乐，眼光高远，千金买马骨。

曹操在诗中所说：“青青子衿，悠悠我心。但为君故，沉吟至今。”无论在什么时代，人才永远都是最重要的。人才难得，所以很多政治家对冒犯自己的人才往往能既往不咎，收为己用。这也是他们能成就霸业的关键。

齐桓公即位后，即发令要杀公子纠，并把管仲送回齐国治罪。因为管仲做公子纠的师傅时，想用箭射死齐桓公。结果齐假死逃过一劫。管仲被关在囚车里送到齐国。鲍叔牙立即向齐桓公推荐管仲。齐桓公气愤地说："管仲拿箭射我，要我的命，我还能用他吗？我恨不得杀之而后快！"鲍叔牙说："以前他是公子纠的师傅，所以他用箭射您，这不正好体现了他对公子纠的忠心吗？而且要是论起本领来，他比我强多了。主公如果要干一番大事业，我看管仲可是个用得着的人。"

齐桓公也是个豁达大度的人，听了鲍叔牙的话，不但不治管仲的罪，还立刻任命他为相，让他管理国政。管仲帮着齐桓公整顿内政，开发富源，大开铁矿，多制农具，后来齐国越来越富强了。

齐桓公既往不咎，原谅了管仲的冒犯，原因在那儿呢？一是各为其主；二是管仲确有大才；还有最重要的一点是齐桓公确实是一个有胸襟的人。化敌为友，使其成为自己最得力的干将，这是古代领导者常见的戏码。

我们常说："滴水之恩，当涌泉相报"，就是这个道理。对别人的好，以后都会反馈回来的。《孙子兵法》里最精妙的招数要数"攻心"。而要攻心，就非得有一颗有容乃大的心。能够包容、忍受别人不能忍受的苦难甚至屈辱，才能成就别人无法成就的大事业。

韩信是淮阴人，他幼年丧父，后来母亲也在贫病交加中死去了。韩信从小只好读书习武，不会种田、做生意，到了无以为生时，只得到邻里家中混饭吃。

一天，韩信遇到一群恶少，其中一个侮辱韩信说："别看你长得又高又大，好佩刀剑，其实是个胆小鬼。你要是怕死，就从我的胯下钻过去。"韩信牢牢地盯着他看了好久，终于忍了气爬着从他的胯下钻了过去。市井人皆耻笑韩信，认为他胆小如鼠，

这就是“胯下之辱”。后来，刘邦在韩信的帮助下终于打败项羽，平定了天下。

韩信可谓是一个聪明顾大局的人。如果当时韩信一怒之下杀了那个无赖，吃了官司置身于牢狱之中，还谈什么抱负。要想能屈能伸就得学会忍，忍气吞声是一种肚量，能够克己忍让，是深刻有力量的表现，也是雄才大略的表现；能够明白轻重，分清大小的人才具有成大业的潜质。

王阳明接受两广新命的时候，当朝的小人对其的诬陷仍然不断，朝廷没有对其给予任何的澄清，但是王阳明把天下百姓的安危放在最重要的位置，不顾病体，踏上了前往广西收拾残局的道路。没有私心也就自然能够容忍小人的不仁，生活中，我们虽然没有机会面对这样的重大选择，但也应该学学王阳明，凡事不要总考虑自己的利益，心自然就能容纳更多。

吃小亏，免祸事

多思者善。

——王阳明箴言

明朝正德年间，宁王朱宸濠的反叛之心可谓“司马昭之心路人皆知”，早在他广交人脉、招兵买马的时候就有许多内阁大臣上奏此事，只是贪玩的皇帝朱厚照并没有把这件事放在心上。朱宸濠决议反叛之时，王阳明和他的同乡好友孙隧同在江西任职，而且他们早就意料到朱宸濠即将采取反叛行动，也必然会拿他们二人开刀。可是遥遥千里，想要上奏皇上奉旨平叛肯定来不及了，想要擅自行动却没有一点兵权在手。王阳明想与好友一起离开江西，再从长计议，但孙隧毅然决然要留守江西。无奈之下，王阳明只好独自离开，再想办法。果然，不几日，朱宸濠就找了个借口将孙隧杀掉了。痛失好友的王阳明义愤填膺，他也想立即回去替好友报仇，但是他最终忍下了，他知道那时候回去也只是死路一条，所以就好暂忍一时之气，留得青山在，不愁没柴烧。

在人与人的相处中，像王阳明这样学会容忍是非常重要的，这是一种理智，也是一种涵养，更是经历了时光磨炼与淘洗的圆润的智慧。而容忍并不是纵容，而是为了以后的前途。

真正的容忍需要宽广的胸襟，既要能包容清净，也要能包容污秽，既要包容所爱的人，也要包容憎恨的人，既要包容人性的善良，也要包容人性的邪恶。所谓“量大智自裕”，能容忍的人都是有度量的人，就像广袤的苍穹，容纳群星也容纳尘埃；又像浩瀚的大海，容纳百川也容纳细流；更像无垠的虚空，无所不含，无所不摄。

生活中难免会有摩擦，互相谩骂、羞辱并不能解决问题，大打出手只会让情况变得更糟。或许对方的冒犯让你觉得窘迫，但你若能坦然处之，就会觉得比自己更尴尬的应该是那个出口伤人的无礼者。在官场、职场中，忍一时之气更有可能换来坦荡前途。

清朝时，太监李莲英倚仗慈禧的宠爱，权倾朝野，为非作歹。李鸿章以军功晋升，起初很看不起这半男不女的奴才，有意无意间得罪了李莲英。于是，老谋深算的李莲英决定教训李鸿章一下，让他知道自己的厉害。

当时，慈禧太后有意静养，想把清漪园修缮一番，以便颐养天年。苦的是筹款无术，时常焦虑不安。李莲英便对李鸿章说：“李伯爷是朝廷重臣，若能体仰上意，玉成此事，以慰太后，以宽圣心，当立下不世之功。”

李鸿章对此等溜须拍马的好事，岂肯轻易放过？当即满口应承，并接受李莲英的提议，以兴办新式海军、振兴国防的名目，责成各疆吏拨定款，从中提取六七成作为造园经费。

见李鸿章上钩后，李莲英窃喜，拍手称赞，笑容可掬地奉承了李鸿章一番。之后，李莲英又对他说：“既然款子有着落了，就请李伯爷辛苦一趟，到园内察看一下，看哪里该拆该建。这样您心中有数，老佛爷要是查问起来，也好回话。”李鸿章想想是这个道理，十分感谢李莲英帮了他一个大忙，给了他一个这么好的机会伺候老佛爷，但他对自己的危险处境却浑然不觉。

到了约定的日子，李莲英借口有事不能奉陪，派了个伶俐的太监领李鸿章，把清漪园上上下下、里里外外、左左右右走了个遍，并记录下了哪里该修一座假山，哪里该建一个湖亭。这一路下来，整整逛了一整天。李鸿章心里很高兴，就等着太后的召见。没想到满心欢喜的李鸿章没有等来太后的召见，却等来了光绪皇帝下诏“申饬”。

所谓“申饬”，就是由皇帝、太后或皇后派一名亲信太监，捧着“圣旨”去指着某人的鼻子，当众数落臭骂一顿。而被骂的人，既不能申辩，也不能回骂，还要伏在地上谢恩。

原来，李莲英故意挑光绪皇帝肝火最旺的时候，诬陷李鸿章在清漪园里游玩山水。

光绪帝自4岁进宫称帝，从小慑于西太后的淫威，始终当着一傀儡皇帝角色，凡事都要看慈禧的脸色，自然有一肚子说不清道不明的委屈，他最忌讳的就是别人不尊重他的皇权帝位。听说权倾当朝的李鸿章敢大摇大摆地在他的御苑禁地游逛，顿时大怒，认为这是“大不敬”，是对皇权皇位的公然藐视和冒犯！光绪帝一怒之下，不问青红皂白，立即下诏“申饬”，将李鸿章“交部议处”。

李鸿章被御批“申饬”，自然很快悟出了吃亏的原委，从此以后再也不敢对这狐假虎威的“九千岁”有丝毫怠慢了。

小人心胸狭窄，卑鄙阴险，常常因为一些鸡毛蒜皮的小事把你整得鸡犬不宁。俗话说：“宁得罪君子，勿得罪小人。”以李鸿章的权势都吃小人的亏、受小人的罪，用“不往何灾也”（出自《周易》）安慰自己，我等一介凡人更需使尽一切手段，与小人划清界限。

王阳明平定朱宸濠叛乱有功，被封“新建伯”，但是王阳明几番推辞，最后说：“夫殃莫大于叨天之功，罪莫甚于掩人之善，恶莫深于袭下之能，辱莫重于忘己之耻。”王阳明冒着惹恼

圣恩的危险辞去朝廷的恩典，无非想要和当朝的小人、是非划清界限，躲避祸患而已。

与小人相处，千万不要得罪他们，要保持距离，有时候吃些小亏也无妨。容忍的过程固然痛苦，但结果往往是美好的，忍下一口恶气，免了一场祸事。

容人方能得人之心

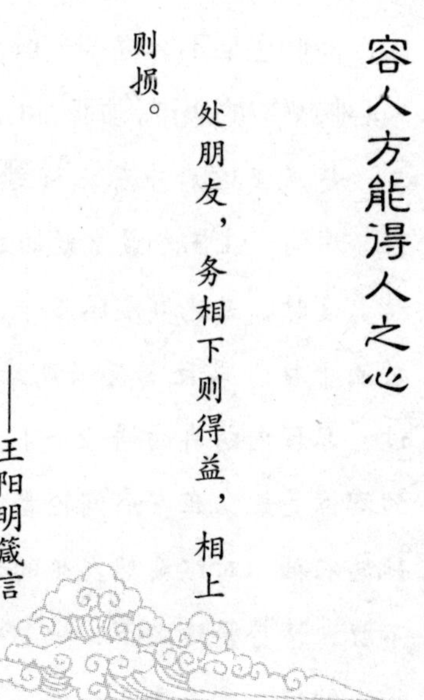

处朋友，务相下则得益，相上则损。

——王阳明箴言

嘉靖元年，一位泰州商人穿着奇装异服来到王阳明家里求学，想拜入王阳明门下，王阳明一口答应了。不久，这人就打算穿着奇装异服出去游历、讲学。王阳明问他为什么要穿成这样，这人便以反对理学陋规，讲究心学为借口。王阳明知道他是怕别人看不起，所以才穿着奇异的服装，打着王阳明的旗号出去讲学，便一口拆穿了他，说他只不过是想出名罢了。这人一听被老师看穿了，只想收拾起最后一点尊严离开，没想到王阳明没有计较，反而继续留他在家里。从此这个人洗心革面、一心向学，他就是王阳明最优秀的学生、泰州学派的创始人——王艮。

人们常说，水至清则无鱼，人至察则无徒。如果你是别人的上级或者师长，不能容忍下属、学生的任何过错与不足，久而久之是很难在下属或者学生之中树立起威信的。

其实，历史上有很多明君，他们都是睁一只眼闭一只眼，在小事情上他们都无比糊涂，不会把下属逼得每日战战兢兢，如临深渊、如履薄冰。当然遇到大事情的时候，或者触犯大原则的时

候，他们也毫不客气，一点也不手软。容忍别人的过错，是一个人心胸宽广的表现，同时也是一种生存的谋略。

楚庄王逐鹿中原，连续几次取得了胜利。庄王设宴款待群臣。席间，庄王命最宠爱的妃子为参加宴会的人敬酒。

这时，天色渐渐暗下来，大厅里开始燃起蜡烛。猜拳行令，敬酒干杯，君臣喝得兴高采烈，好不热闹。忽然，一阵狂风刮过，客厅内所有的蜡烛一下全被吹灭，整个大厅一片漆黑。庄王的那位美妃，正在席间轮番敬酒，突然，黑暗中有一只手拉住了她的衣袖。对这突然发生的无礼行为，美妃喊又不敢喊，走又走不脱，情势紧迫之下，她急中生智，顺手一抓，扯断了那个人帽子上的缨。那人手头一松，美妃趁机挣脱身子跑到楚庄王身边，向庄王诉说被人调戏的情形，并告诉庄王，那人的帽缨被扯断，只要点明蜡烛，检查帽缨就可以查出这个人是谁。

楚庄王听了宠妃的哭诉，出乎意料地表示出很不以为然的样子，趁烛光还未点明，便在黑暗中高声说道："今天宴会，盛况空前，请各位开怀畅饮，不必拘礼，大家都把自己的帽缨扯断，谁的帽缨不断谁就是没有喝好酒！"群臣哪知庄王的用意，为了讨得庄王欢心，纷纷把自己的帽缨扯断。等蜡烛重新点燃，所有赴宴人的帽缨都断了，根本就找不出那位调戏美妃的人。就这样，调戏庄王宠妃的人，不仅没有受到惩罚，就连尴尬的场面也没有发生。按说，在宴会之际竟敢调戏王妃，堪称杀头之罪了。楚庄王为什么蓄意开脱，不加追究呢？他对王妃解释说："酒后失态是人之常情，如果追查处理，反会伤了众人的心，使众人不欢而散。"

时隔不久，楚庄王借口郑国与晋国在鄢陵会盟，于第二年春天，倾全国之兵围攻郑国。战斗十分激烈，历时三个多月，发动了数次冲锋。在这场战斗中有一名军官奋勇当先，与郑军交战斩杀敌人甚多，郑军闻之丧胆，只得投降。楚国取得胜利，在论功行赏之际，才得知奋勇杀敌的那名军官，名叫唐狡，就是在酒宴上被美妃扯断帽缨的人，他此举正是感恩图报啊！

如果说当年楚庄王“三年不鸣，一鸣惊人”之举表现出他在诸侯中问鼎称霸的韬略和气魄的话，那么在宴会中绝缨之事，则表现了他那宽容大度的襟怀。

容人之过，方能得人之心。有过之人非常希望看到他人的宽容和友谊，希望得到悔过自新的机会。这种需要一旦得到满足，其对立情绪便会立即消失，感恩戴德，“得人滴水之恩，必当涌泉相报”的情感很快在心理上占据主导地位。在这个基础上，稍加引导，就会产生像“戴罪立功”那样的心理效果。

一名统御者能宽宥属下的某些过失，宽大为怀，容人之过，念人之功，谅人之短，扬人之长，必然会得到部下的奋力相报，在客观上为自己留下了一条后路。

不急人怒，忍让内敛

往年区区谪官贵州，横逆之加，无月无有。迄今思之，最是动心忍性砥砺切磋之地。

——王阳明箴言

世间什么力量最大？忍辱的力量最大。拳头刀枪，使人畏惧，但不能服人，唯有忍辱才能感化强者。诸葛亮七擒孟获，廉颇向蔺相如负荆请罪，此皆忍辱所化也。

王阳明也坦言，当时被贬谪贵州，逆来顺受、一无所有的境地，是最能锻炼自己忍耐力、最能够使他静心忍性的地方。在军事思想上，王阳明最擅长的就是绝地反攻，在平定朱宸濠叛乱的时候，王阳明率领的义军几次陷入绝境却又几次奇迹般地获得胜利，最终打倒了朱宸濠。即使在自己占据兵力优势的时候，王阳明也善于忍耐、再忍耐，等到最佳时机用最少的损失获得战斗的主动权和最终的胜利。他善于忍耐，善于放低自己的位置，这样的军事思想源自他的自信和忍耐。

“自行本忍者为上。”做人要忍，尤其对那些性情暴躁之人，遇事不要轻易发火，要学会自制，否则，得罪的人多了不利于自己日后的发展。

富弼是北宋仁宗时一位品行很好的宰相，然而富弼年轻的时

候，因能言善辩常常在无意间得罪了不少人，给自己的事业、生活带来了不利影响。

经过长时期的自省，他逐渐变得宽厚谦和。所以，当有人告诉他谁在说他的坏话时，他总是笑着回答："怎么会呢，他怎么会随便说我呢？"

一次，一个穷秀才想当众羞辱富弼，便在街心拦住他道："听说你博学多识，我想请教你一个问题。"

富弼知道来者不善，但也不能不理会，只好答应了。

秀才问富弼："请问，欲正其心必先诚其意，所谓诚意即毋自欺也，是即为是，非即为非。如果有人骂你，你会怎样？"富弼想了想，答道："我会装作没有听见。"秀才哈哈笑道："竟然有人说你熟读四书，通晓五经，原来纯属虚妄，富弼才智驽钝，充其量不过是个庸人而已！"说完，大笑而去。

富弼的仆人埋怨主人道："您真是难以理解，这么简单的问题我都可以回答，怎么您却装作不知呢？"

富弼说道："此人乃轻狂之士，若与他以理辩论，必会剑拔弩张、面红耳赤，无论谁把谁驳得哑口无言，都是口服心不服。书生心胸狭窄，必会记仇，这是徒劳无益的事，又何必争呢？"

几天后，那秀才在街上又遇见了富弼。富弼主动上前打招呼。

秀才不理，扭头而去；走了不远，又回头看着富弼大声讥讽道："富弼乃一乌龟耳！"

有人告诉富弼那个秀才在骂他。

"是骂别人吧！"

"他指名道姓骂你，怎么会是骂别人呢？"

"天下难道就没有同名同姓之人吗？"

他边说边走，丝毫不理会秀才的辱骂。秀才深感无趣，便走开了。

人的一生谁都难免会遇上像富弼这样难堪的局面，遭到他人

不公正的批评甚至辱骂。富弼用行动告诉我们，不论是卑鄙的、恶毒的、残酷的，你千万不要被对方一句不公正的批评或难听的辱骂而变得像对方一样失去理智。获胜的唯一战术，就是保持沉默，不和别人发生正面冲突，就连多余的解释也没必要。如果别人骂你，你大可以把他当成空气，对他置之不理。因为在这种情况下，相互争吵、辱骂既不会给任何一方带来快乐，也不会给任何一方带来胜利，只会带来更大的烦恼、更大的怨恨、更大的伤害。退一步讲，在对骂中没有占上风的一方，当众出丑，带来的只是对自己的怨恨。占了上风的一方，虽然把对方骂得体无完肤，又能怎么样？只能加深对立情绪，加深对方的怨恨。

成功学家戴尔·卡耐基说：“要真正憎恨对方的简单方法只有一个，即发挥对方的长处。”憎恶对方，恨不得剥他的皮，吃他的肉，而其结果则只能是使自己焦头烂额，心力交瘁。卡耐基的“憎恶”是另一种形式的“宽容”，憎恶别人不是咬牙切齿，而是把对方的长处化为自己强壮身体的钙质。

为了更好地保全自己、发展自己、成就自己，我们就要学会俯身，放低姿态，在社会生活中表现得谦逊、低调、圆融、平和。因为，许多时候，正是我们的“低姿态”、我们的“内敛”，才使我们的人生更加美好。

第十一章

自利利人，以利他心度己

善待别人就是善待自己

君子贤其贤而亲其亲，小人乐其乐而利其利。

——王阳明箴言

王阳明带兵打仗，无论打到哪儿，都会站在当地百姓的立场来看问题、想问题。王阳明在作任何决定的时候，都会从良知出发。他认为天地万物本是一体的，人民困苦，也就相当于是自己身受困苦。这个时候他不仅在当地采取措施帮助人民脱离苦海，还上书朝廷帮助百姓解决困难。

金钱、地位、名声，吸引了一批又一批的追逐者。这其中有追逐成功的，被我们叫做富人、成功人士；有失败的，就是我们常说的平民、穷人。但是，这些仅仅只是外在的，就算富可敌国，终有一天，它们都会离你而去。所以，拥有财富、拥有荣誉，不光是光环那么简单，更多的是一种责任。这个时候，顾及的不只是个人而已，造福社会才是长久的可行之道。

正像王阳明说的，君子尊重并赏识有贤德的人，而小人只顾自己享乐，只顾贪图自己的利益。贪婪的本质是不安定，它像是长在人内心深处的一棵毒草，不断地腐蚀着本来纯净的心灵。它时而蛰伏，时而膨胀，人若不能摆脱就只能受制于它，所谓人心

不足蛇吞象，过于贪婪而没有节制只能招致生活的惩罚。无论是贫还是富，只要你能够帮助到别人，就不应该吝啬自己的善心。

两个同村的砍柴人相约去村西的山上砍柴，这两个砍柴人一个年长，一个少壮，都是砍柴的好手。但是相比之下，由于年龄和经验的差别，年长的这个砍柴人还是比少壮的这个人显出更大的能力。

两人来到山上，拿出砍刀砍柴，村西的这座山，山势不高而且树木繁茂，一开始两个人的进度都相差不多，过了两个多小时，天气渐渐炎热起来，少壮的砍柴人躺在地上休息了一会，而年长的那位依然砍柴不止，并且已经从山的这边移到了山的那边。眼看就要比预计的时间提前一个多小时砍完柴。

这个时候，少壮的从梦中醒来，看看天色暗了下来，而自己还没有砍够第二天要用的两捆柴，于是心急起来，他不用砍柴刀，而是用手一根根地折断树枝和杂草。但是今天的天色似乎比以往暗得早，直到太阳落山，少壮的砍柴人也没有砍够第二天所需用的柴火。

这时年长的喊他下山了，当这个年长的砍柴人看到他孤零零的一捆柴时，明白少壮的这人没有好好砍柴，他一声不响地拿过自己的一捆柴火，对少壮的说："这下够你用一天的了。后天我们再来砍。"

少壮的说："你这些柴火都是用来卖钱的，你给了我，不是少了很多收入吗？"

年长的说："钱今天少赚，明天可以多赚，但是烧火做饭却是一刻不能受影响的。我这些柴火够我用的了，而你也不会受饿，这不是两全其美的事情嘛。"

年长的砍柴人其实说出了我们很多人明白但却很难做到的真理——你是一个人享用此间的美好，还是将这种美好散播到每个人的身上，独乐乐不如众乐乐？其实，再平凡再普通的人只要有

一颗爱心，一样能做出让所有人感动的善行。而那些只顾自己享乐的人大多是因为心中欲望太多，不能一一得到满足，于是产生烦恼，就会觉得苦。人为了摆脱这种感觉就会竭尽全力地再次索取，像是困在海上的水手，船仍在海上，彼岸遥遥而淡水枯竭，无边浩瀚的海洋就像充满诱惑的花花世界，第一口海水本意为了解渴，哪知命运却也就此断送在了这一口海水中。

欲望是无穷的，贪婪就像一把利刃，不能丢下就不能踏上苦海之岸，心中揣着太多的贪念，行走尚且蹒跚，又怎么回头？不回头，哪里是苦海的岸呢？要想上岸，必须除去贪念，提起一颗爱心，将奉献当作一种快乐。

善待别人、给予他人就是奉献，所奉献的不仅仅是物质财富，还包括精神和理念。这是抵制贪念的第一利器，是一个人充满爱心的具体表现，更是一个人有智慧和有责任心的表现。通过帮助别人可以体验到快乐，所以说，善待别人，也就是善待了自己。

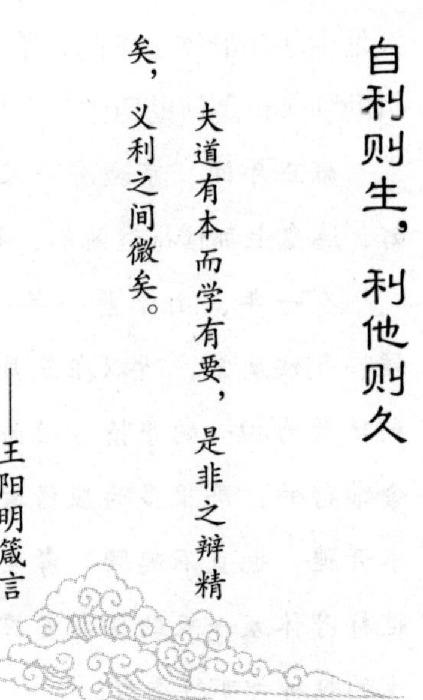

自利则生，利他则久

夫道有本而学有要，是非之辨精矣，义利之间微矣。

——王阳明箴言

王阳明很注重个体的社会责任，个体作为社会的存在，同万事万物是共存的关系，这个观念被王阳明具体化为以仁道的原则对待一切社会成员并真诚地关心他人。他那看似不容于世，其实又处于俗世的一生始终都坚持着通过仁爱来显现内心的良知。即便抱负冤屈，坎坷一生也是如此。

利他方能自利，害人实际是在害己。敬人者，人敬之；爱人者，人爱之；损人者，人损之；欺人者，人欺之。所以，我们应该做到自利利他，不可损人利己。我们每一个人都有两只手和两只脚，这本来就是为劳动而准备的，倘若我们不将它们用来劳动，那么不但让双手双脚发挥不了作用，而且对身体也没有任何好处。换句话说，倘若常常劳动，身体必定很健康。这样对双手双脚有利的同时也对身体有利，可谓一举两得。而在王阳明看来，义与利之间的差别很小，也就是说，如果能做一些“义”事，对他人有益，自己也一定能获得利益。

利己是人与生俱来的本性，它归根结底源自生存的需要。但

人是生活在群体之中的，单方的利己行不通，互相帮助更有利，帮助别人也是帮助自己，于是产生了群体中利他的行为准则。

雍正年间，京城有一家规模很大的药店，他们的药物质地好，连皇上都信得过他们，并允许他们给皇宫供药。

有一年，由于前一年是暖冬，没怎么下雪，一开春的时候，气候反常，所以在三月里的会试能不能顺利进行，就成了朝廷最为担心的事情。因为当时清廷招募考生，都是在科场号舍举行的，那里多为应付考试临时搭建的，里面空间狭窄，伸不开腿，也直不起腰。考生从开考到结束，三天不能出号舍，这样身体差一点的就会支撑不住，再加上天气的原因让很多考生的精神都变得委靡。

根据这一年的实际情况，那家药店赶制了一批祛湿气的药散，并托付内阁大臣奏明皇上，说要送给每一个考生，让他们备不时之需。雍正帝正在为会考的事情发愁，见这家药店主动为皇上解忧，自然大加赞许。于是，这家药店派专人守在考场门口，给每个考生派发药物，并且附带一张宣传单，上面印上了他们药店最有名的药物。结果，一半是因为药店的支持，另一半是由于当年考生的运气好，很少有人中场离席。由此一来，不管是中举的还是没中的，人们纷纷来这家药店买药。由于考生们来自全国各地，自此以后，全国的人都开始知道了这家药店，并且都来照顾他们的生意。

只用了很少的本钱，却换来了大生意。这家药店能够赢得这么大的成功，就是因为它懂得利他方能自利的原则。

一个人活在世上，虽然不能做到利人不利己，最少要能从利己想到利人，所谓“自利利他”。利己与利他并不总是处于对立的位置，很多时候，二者完全可以统一起来，人都有利己的一面，这是由于每一个生命个体都有自己生存的各种各样的需求，人的一切行为都是为了满足自身的需要，因此人的行为动机为利

己。在利己的意识驱动下，人做出了种种行为，而这种种行为的客观结果产生了利他。

如果我们每一个人都能做到利他，那么我们每个人也都会得到自利，这便是所谓的：“我为人人，人人为我。”因为我们在别人眼中也是“他”，对别人来说是利他，对自己来说就是利己。如果只是自私地考虑自己，从来都不去管他人，虽然你心里认为是利己了，但其实受损的还是自己。因为我们也是别人眼中的“他人”，如果人人都不管“他人”，而只顾自己，那么我们自己就成了人人都不管的“他人”，而只有自己去关心自己。然而，在这个群体共生互助依存的社会上，只靠自己关心自己是远远不够的，一个人的能力是有限的，需要借助他人的力量。因此，对于我们每一个人而言，利他方能利己，所以，我们需要时时用一颗利他的心去对待他人。

将心比心，推己及人

“亲民”犹如《孟子》中的“亲亲仁民”，亲近就是仁爱。

——王阳明箴言

《论语》说：“仁者，爱人。”仁爱就是人性中应有的朴素和美丽。在王阳明看来，仁爱也是人性中的“善”，王阳明一生中无论是被贬龙场还是平叛，他始终和百姓保持着亲密的联系，以仁爱之心对待百姓。

仁爱思想讲究付出、不计回报，提倡扶危济困、尊老爱幼。自古以来受到儒家仁爱思想影响的先贤不计其数，他们的仁爱之道常能达到推己及人的程度。诗人屈原，还在幼年时就怀有悲天悯人的情怀。

当时正逢连年饥荒，屈原家乡的百姓们吃不饱穿不暖，时有沿街乞讨、啃树皮、食埃土者，幼小的屈原见之，不禁伤心落泪。

一天，屈原家门前的大石头缝里突然流出了雪白的大米，百姓们见状，纷纷拿来碗瓢、布袋接米，将米背回了家。不久，屈原的父亲便发现家中粮仓中的大米越来越少，他很奇怪。

有一天夜里，他发现屈原正从粮仓里往外背米，便将屈原叫

住，一问才知道，原来是屈原把家里的米灌进石缝里。乡亲们知道了真相都很感动，纷纷夸赞屈原。

父亲没有责备屈原，只是对他说："咱家的米救不了多少穷人，如果你长大后做官，把我们管理好，天下的穷人不就有饭吃了吗？"自此，屈原勤奋治学，长大后因为出众的才能而被楚王召为官，管理国家大事。他为国为民尽心尽力，为后世之人所称颂。

屈原的这份朴素和美丽发源于心，由内而外，是人性中最质朴而绵长的一种情怀。"仁"是儒家学说中最重要的一个概念。在儒学鼻祖孔子的眼里，无论是"好仁者"还是"恶不仁者"，其实都有一颗仁爱的心，人性本善的另一层意思就是人性本仁。而"己所不欲，勿施于人"也是一种仁爱的表现。如果我们给别人东西，最好想想对方或自己到底想不想要，如果连自己都不想要，那么最好还是把这个东西拿回去。

每个人在社会上都不是孤立的，周围有许多与自己共同学习、工作和生活的人，为使学习顺利、事业成功、生活幸福，人们都愿意建立良好的人际关系。而推己及人则是实现人际关系和睦、融洽的重要之道。要做到推己及人，首先要做到"己所不欲，勿施于人"，然后再进一步做到"己欲立而立人，己欲达而达人"。也就是孔子所说的"推己及人可谓仁之方也"，一个有仁德的人，自己想要站得住，同时也要帮助别人站得住，自己想要事事行得通，同时也要帮助别人事事行得通。推己及人，将心比心地为别人设想一下，这并不是一条高不可及的教条。其实，无论君子妇孺，这剂仁之方都同样适用。

南宋诗人杨万里的妻子在古稀之年，每到天寒时，天不亮就早早起来，然后径直走进厨房，熟练地生火、烧水、煮粥。满满的一大锅粥要熬上很长时间，杨夫人每次都耐心地等着。清甜的粥香顺着热气渐渐充满了厨房，飘到了院子里。院子的另一

边，仆人们伴着这熟悉的香气陆陆续续地起床，洗漱完毕后，来到厨房，并接过杨夫人盛起的满满一大碗热粥喝了起来。杨夫人的儿子杨东山看到母亲忙碌的身影，甚是心疼。一次，他劝母亲说："天气这么冷，您又何苦这么操劳呢？"杨夫人语重心长地说："他们虽是仆人，也是各自父母所牵挂的子女。现在天气这么冷，他们还要给我们家里做活。让他们喝些热粥，心中有些热气，这样干起活来才不会伤身体。"一席话说得儿子点头称赞。

杨夫人之所以能说出如此慈悲为怀的话，就是因为她是一个心地善良，懂得体贴与关怀的好人。她会设身处地体会别人的切身感受，所以能够为别人着想。她的做法，既教育了儿子，也温暖了仆人们的心。

虽然是生活中的小场景，但是由此推想，小中亦可见大，我们行走在这个社会当中，自己不想要的，也不要强加给别人，再进一步，自己想要立足，就要能够大度地让别人也能立足。

生活中，我们大多数人都是小人物，但只要从爱出发，一路与爱相伴，生命就会获得本质的诗意和快乐。王阳明在庐陵任县令时，曾向当地百姓发过一道文告，其中有一条是要求民众要懂得谦让礼义，做一个善良的人。王阳明认为只有善良才能够让家庭得到安乐，才能够保全财产。

一粒种子落进大地，大地就会为它长出一片绿色；一片云彩依偎在天空，天空就会为它带来丰沛的降水；万物把萌发的心愿交给世界，世界便呈现出盎然与蓬勃。天地万物数不胜数，其中最能够打动人的莫过于一颗善良的心。

爱出者爱返，福往者福来

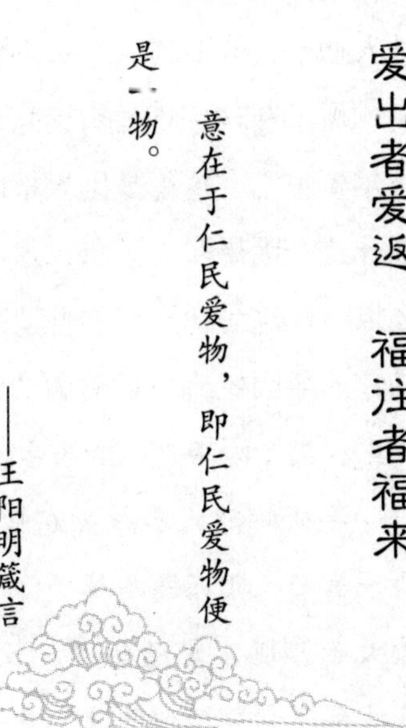

意在于仁民爱物，即仁民爱物便是一物。

——王阳明箴言

正德年间，宁王朱宸濠叛乱，时任赣南巡抚的王阳明手里既没有平叛的兵权也没有平叛的御旨，打倒朱宸濠的叛军对他来说不是责任也不是义务，但是他却毅然挑起了平叛的重任，为的不是别的，就是为了报国救民，为的就是使千千万万的无辜百姓免受硝烟战火的蹂躏和摧残。也正是因为王阳明对于百姓的爱和付出，当他义旗高举的时候在短短十几天内就获得了众多百姓的支持。平叛后，智勇双全的王阳明也自然受到了黎民百姓的爱戴。

“爱出者爱返，福往者福来。”为他人奉献善心，为社会造福祉，他人和社会必定会以善回报于我们。这就好比因果循环，我们种下了什么样的因，也将会收获什么样的果。

人们之所以不快乐，是因为不明白仁爱的道理。往往忽视了自己也是需要付出的，只知一味地寻求结果，结果只会导致不分青红皂白地怨天尤人，抱怨自己没有得到幸福和快乐。福往与福来间，我们都要为自己的举动负责，因果之间不只是简单的报应关系，而是一种对责任的深化。如果心中有爱，胸中有福，不是

一人独享，而是与人分享，那人生又有什么苦恼可言呢？

孟子在与邹穆公对话时，引用了曾子的话："出乎尔者，反乎尔者也"，这都是因果报应的观念。古今中外，一切事情都逃不开这个因果律。因果，最简单的解释，就是"种什么因，得什么果"，这是自然界的普遍法则，世界上没有任何一种结果不是从它的原因生成，正所谓"种瓜得瓜，种豆得豆"，福往者才能福来。关于因果之缘的古今轶事，实在不胜枚举。

春秋时期，秦穆公在岐山有一个王室牧场，饲养着各种名马。有一天几匹马跑掉了，管理牧场的牧官大为惊恐，因为一旦被大王知道，定遭斩首。牧官四处寻找，结果在山下附近的村庄找到了部分疑似马骨的骨头，心想，马一定是被这些农民吃掉了。牧官大为愤怒，把这个村庄的三百个农民全部判以死刑，并交给穆公。

牧官怕秦穆公震怒，于是带领这些农民向穆公报告说，这些农民把王室牧场里的名马吃掉了，因此才判他们死刑。穆公听了不但不怒，还说这几匹名马是精肉质，就赏赐给他们下酒。结果这三百个农人被免除了死刑，高兴地回家了。

几年后，秦穆公与晋惠公交战，陷入绝境，士兵被敌军包围，眼看快被消灭，穆公自己也性命堪忧。这时敌军的一角开始崩裂，一群骑马的士兵冲进来，靠近秦穆公的军队协助战斗，这些人非常勇猛，只见晋军节节败退，最后只得全部撤走，穆公脱离险境。到达安全地点后，穆公向这些勇敢善战的士兵表达自己的谢意，并问他们是哪里的队伍。他们回答说：我们是以前吃了大王的名马，而被赦免死罪的农民。

秦穆公的善举最终获得了好的回报。因果也就是这个道理，一念之善救人救己，人生就是如此。一个人在其漫长的一生中所走的每一步，都已为明天埋下了伏笔。我们所做的每一件事，都如同我们撒下的一粒种子，在时光的滋润下，那些种子慢慢生根、发芽、抽枝、开花，最终结出属于自己的果实。我们自己所种下的因，遇到适合的条件就会产生一个结果。在这个世界上，因果自有定，做人不执著，不自私，不占有，为而无为，所得与所想，虽常不一致，但皆由人自己制造。

我们种了什么种子，自然结出什么果子。善得善果，恶得恶果。

世间的爱就犹如这因果一样可以循环。爱，给予别人，不见得有直接的回报，但最终也会循环到自己身上。如果每个人在爱护自己的同时，也去关爱别人，那么最终自己也能得到更好的爱护。

爱出者爱返，福往者福来。世间的爱与福皆在这因果当中，需要我们去播撒与收获。

与人为善，暖人暖己

然爱之本体固可谓之仁，但亦有爱得是与不是者，须爱得是方是爱之本体，方可谓之仁。

——王阳明箴言

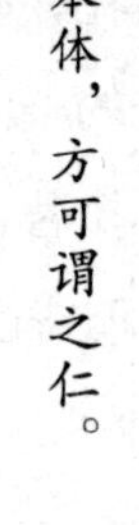

早年间王阳明立志于格物穷理，在他看来，明白善与恶的差别就是良知，而怀有善心做一些善事，反对和去除一切“恶人”、“恶事”便是格物，便能穷理了。其实，无论我们做什么工作，如果能秉持多付出一点爱心的原则，成功就是必然的。

“人之初，性本善”是人所共知的《三字经》的开篇语，但是长大的我们心中是否还留有这一份善呢？也许我们有，也许我们的心里早就被不良诱惑挤满了，不再有善的踪迹。而且在这个世界上，贪欲与邪恶、自私与狡诈正以前所未有的势力存在着。然而，善良依然是这个世界最感人的力量，它使我们充满力量与勇气，使我们赢得尊重和支持，帮助我们一步步走向成功。帮助别人就是帮助自己，每一个善良仁爱的人是一定会得到回报的。

东汉的开国皇帝刘秀精于谋略，智勇兼备。刘秀在争伐天下的过程中，十分注重御心之术，很多棘手的问题他都能轻松化解，最终战胜所有对手，拥有天下。

建武三年（公元27年），刘秀亲率大军前往宜阳，截断了赤眉军的退路。赤眉军无可奈何只好投降。

刘秀的手下深恐赤眉军再起叛乱，私下对刘秀说："陛下仁爱待人，只需安抚住赤眉军将士即可。刘盆子身为敌人头领，难保不生二心，此人不可不除啊。"

刘秀对手下人说："行仁之义，全在心诚无欺，如此方有效力。朕待他不薄，他若再反，那是他自取灭亡；朕若背信枉杀，乃朕之失，自不同也。"

刘秀对刘盆子赏赐丰厚，还让他做了赵王的郎中。

在刘秀的治理下，天下的混乱局面也平息下来，日渐安定。

刘秀懂得人心永远不是武力可以征服得了的，让人心服才是真正的征服。而善良仁爱的手段具有强大的力量，它在帮助别人的同时也帮助了自己。人的一生应该是施与爱的一生，只有这样，我们才能活出真正的自我，获得一个充实而美丽的人生。

善待社会、善待他人，并不是一件复杂、困难的事，只要心中常怀善念，生活中的小小善行，不过是举手之劳，却能给予别人很大帮助，何乐而不为呢？

心中有情有爱，世界才会风光无限。仁爱之心如一盏明亮的灯，它可以照亮我们的人生。所谓仁爱，就是先想到别人，能宽容别人，就是要与人为善。

楚惠王吃酸菜时，突然发现菜中有一条蚂蟥，他没有声张，不动声色地吞了下去，结果肚子痛得不能吃饭。令尹前来问候，关心地问道："大王怎么得了这种病？"

楚惠王说："我吃酸菜时见到一条蚂蟥，心想，如果把这事张扬出去，只是斥责庖厨等人，而不治他们的罪，就违反了法度，那样，今后我自己的威信就无法树立；如果追究他们的责任，就应该诛杀他们，这样，太宰、监食的人，按法律都将处死，我于心不忍啊。所以，我只好把蚂蟥悄无声息地吞咽下

去。”令尹深深地施了一礼，祝贺道：“我听说上天是铁面无私、六亲不认的，只是辅佐有德行的人。大王您大仁大德，正是上天保佑的人啊，这点小病是不会伤害您的。”当晚，楚惠王胃里的蚂蟥真的出来了，他也不用再忍受疼痛之苦。

古语云：“人生一善念，善虽未为，而吉神已随之。”意思是说一个人只要心存爱心，即使还没有去付诸实践，吉祥之神已在陪伴着他了。楚惠王为使他人免除灾难，而不惜自己忍受痛苦，这样怎么会得不到上天的眷佑呢？爱人者，人恒爱之；敬人者，人恒敬之。

说到底，慈悲是一种关怀，是无条件地爱一切生命。播种爱心，慈悲为怀不仅能够得到内心的安静祥和，达到美好的境界，而且能够让别人获益，记取你的那份善良与美好。上善若水，涓涓细流，润物无声。播撒爱心，幸福触手可及。

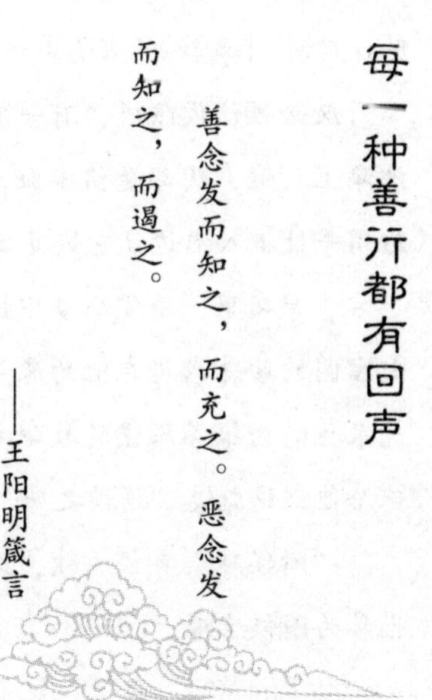

每一种善行都有回声

善念发而知之，而充之。恶念发而知之，而遏之。

——王阳明箴言

慈悲不是出于勉强，它像甘露一样从天降下尘世，它不但给幸福于受施的人，也同样给幸福于给予的人。行善是一种幸福，当和尚出门化缘的时候，总是一家一家地敲门，其实这也是在提醒人们，时刻不要忘了做善事。

在平叛了宁王叛乱之后，权奸江彬却依然怂恿贪玩皇帝朱厚照南下江西去平叛。王阳明知道，一旦江彬这些群盗小人到了江西，江西百姓肯定要遭受烧杀抢掠之祸，所以他作出了一个决定——抗旨将反王朱宸濠押往南京，迫使朱厚照在南京止步。王阳明的抗旨，又是为了江西的百姓。

生活中，我们虽然做不成王阳明那样的大事，却可以多为他人着想，做一些高贵的善事来提升自己的灵魂，这样做也许得不到任何直接的物质回报，但是我们的心灵却获得了丰收。与其说是为了爱别人而行善，不如说是为了尊敬自己。

隋侯珠与和氏璧是中国珠宝玉石文化中最重要的代表作。古有“得隋侯之珠与和氏璧者富可敌国”之说。由此可见，隋侯珠的价

值与珍贵。隋侯珠的来历也非常具有传奇色彩。

汉姬姓诸侯隋侯，有一次出使齐国，途中见一蛇，被困在热沙滩上打滚，头部受伤流血，隋侯怜悯，急忙以物用药敷治，然后用手杖挑入水边让它恢复体力后游去。

一天夜里，隋侯从梦中惊醒，发现那条巨蛇口里衔着一颗硕大溜圆的珍珠盘踞在他的床头。巨蛇见他醒来便放下珍珠离去。原来巨蛇为报答隋侯的救命之恩，特意从江中衔来一颗硕大的珍珠给他，这就是“隋侯之珠”。

“隋侯珠”直径一寸，纯白色，夜里发光，可以照亮全室，世称为隋侯宝珠。

举手的善行，有可能像隋侯一样得到价值连城的回报。所以，“勿以善小而不为”，要让随时随地行善成为一种习惯，在不断行善的过程中会发现，人生的道路会越走越广。

王阳明反复强调心的本体是至善的，恶是不存在的，一旦受到外物的干扰动了恶的念头，便要及时制止，也就是他所说的为善去恶的功夫。所以，每个人都有一盏心灯。点亮属于自己的那一盏灯，既照亮了别人，更照亮了自己。善意的帮助别人，就好像一盏心灯。今天你帮助他人，给予他人方便，他可能不会马上报答，但他会记住你的好处，也许会在你不如意时给你以回报。

我们当中许多人都听过这个说法：“付出是它自己的回报。”这当然是真的，而且比任何理由更值得付出，付出还有一面可能会让人认不出来。付出是一种精力，不但帮助了他人，还为付出的人创造了更多。这是一条真实的自然法则，不论付出的人想要什么或究竟发生了什么事。

你帮助别人，他即使不会报答你的厚爱，但可以肯定的是，他日后至少不会做出对你不利的事情。如果大家都不做不利于你的事情，这不也是一种极大的帮助吗？生活的基石是善良。这是我们的灵魂所固有的一种感情。

第十二章 嘴上带尺，脚下有路

有糖衣的逆言易被接受

真言求功。

——王阳明箴言

说话是一门艺术，懂得如何说话，在何种场合说话，往往能够转祸为福。有句俗语称："见什么人，说什么话。"这确实是一种说话的策略，但是这个话却又有一个标准，那就是都要讲真话。王阳明说，讲真话是很难得的，特别是在一些特定的时候和场合更加显得宝贵。讲真话能够求得功名，真正能够打动人心的也还是真话。不过，在某些场合讲真话要懂得绕弯子。

都说中国人说话爱绕弯子，不直截了当，说话转弯抹角让外国友人们很头痛。有这样一个幽默故事，有个外国的留学生赞美中国的男同学很帅时，那男同学说："哪里，哪里。"这个学了一点中文的外国留学生感到不知所措，"我只不过客套地赞美他，他还要问我具体美在哪里。"这个留学生当然不知道这是我们中国人的含蓄。

其实在某些特定的场合，含蓄一点也未尝不好，如果把话说得太直、太透，可能会引起对方的不满，或者对自己产生不利的影响，但意思又不能不表达。这时，如果采用"借他人之言，传我腹中之事”的方法，借用一个并不在场的第三者之口说出，便可以弱化对方的不满和对我方的不利影响。

在语言策略上，这种方法被称为近话远说。运用此法，能够人为地拉开话题与现场之间的距离，给双方留下一个缓冲带。

说话转个弯儿，在表达了自己的意见的同时，也为自己留了条后路。顾忌了双方的面子，使自己和对方都有台阶下。对于不宜直言的问题，绕个弯儿说话，有时会让自己化险为夷。

我国古时候，有一个县官很喜欢附庸风雅，尽管画术不佳，但画画的兴致很高。他画的虎不像虎，反而像猫。并且，他还每画完一幅画，都要在厅堂内展出示众，让众人评说。大家只能说好话，不能说不好听的话，否则，就要遭受惩罚，轻则挨打，重则流放他乡。

有一天，县官又完成了一幅“虎”画，悬挂在厅堂，召集全体衙役来欣赏。

县官得意地说：“各位瞧瞧，本官画的虎如何？”

众人低头不语。县官见无人附和，就点了一个人说：“你来说说看。”

那人战战兢兢地说：“老爷，我有点怕。”

县官：“怕，怕什么？别怕，有老爷我在此，怕什么？”

那人：“老爷，你也怕。”

县官：“什么？老爷我也怕。那是什么，快说。”

那人：“怕天子。老爷，你是天子之臣，当然怕天子呀！”

县官：“对，老爷怕天子，可天子什么也不怕呀！”

那人：“不，天子怕天！”

县官：“天子是天老爷的儿子，怕天，有道理。好！天老爷又怕什么？”

那人：“怕云。云会遮天。”

县官：“云又怕什么？”

那人："怕风。"

县官："风又怕什么？"

那人："怕墙。"

县官："墙怕什么？"

那人："墙怕老鼠。老鼠会打洞。"

县官："那么，老鼠又怕什么呢？"

那人："老鼠最怕它！"那人指了指墙上的画。

故事中，被点名的差役没有直接说县太爷画的虎像猫，而是接二连三地抬出第三方，绕着弯说话。让县官在众人面前保住了脸面，又让自己避免了一场灾难。

人常说："良言一句暖三冬，恶语伤人六月寒。"一言可以兴邦，一言可以丧邦；一句话可以把人说笑，一句话也可以把人说恼。人与人之间性格各方面都有差别，生活中也常常遇到一些不便于直言的场合和事情，说话曲折一点、绕一点弯儿，让逆言裹着糖衣，自然可以生出迂回进言的效果，让人思考以后才知道，揣摩之后才明白。

善言的高手，即使遇到棘手的话题或难以回答的问题，也能够巧妙地运用一些方法，如近话远说，从而避免恶语伤人，更能有效地保全自身。

言辞不可太露骨

言不可尽善。

——王阳明箴言

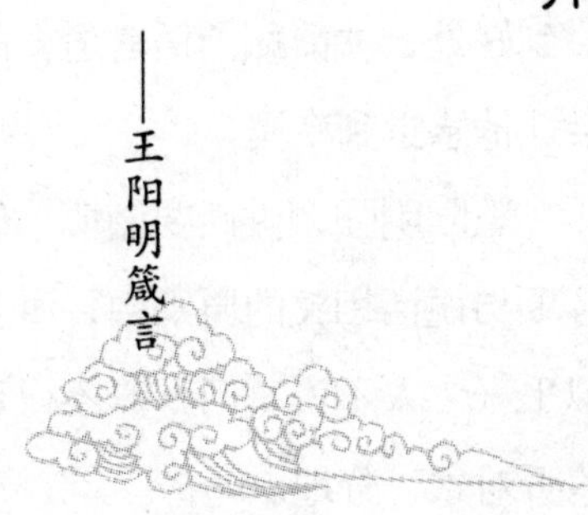

当代著名学者季羡林老先生曾说过一句话：假话全不说，真话说一半。这句话是季老先生从大半生丰富的阅历中总结出来的经验。前半句警告那些喜欢吹嘘、撒谎的人，一个假话总要十个假话来圆，假话越说越多只能给自己带来更多的麻烦，所以还是不说为好；后半句就更微妙了，真话为什么要说一半呢？因为很多时候，说得越多错得也越多，少说话不仅能够避免传播谣言也能够给人留下处事谨慎的好印象。

王阳明也曾说过一句话：言不可善尽。意思是讲话不可以只讲好话、亲善的话。因言招祸的事情常常发生，王阳明自己就是一个很好的例子。因为不满刘瑾等宦官为非作歹，王阳明上疏朝廷，为受害同僚讲话，最终导致自己也遭受迫害。所以，王阳明说这句话的意思是警示人们在讲话上要十分谨慎小心。

有一篇文章叫做《说话的温度》，它这样写道：

“急事，慢慢地说；大事，清楚地说；小事，幽默地说；没把握的事，谨慎地说；没发生的事，不要胡说；做不到的事，

别乱说；伤害人的事，不能说；讨厌的事，对事不对人说；开心的事，看场合说；伤心的事，不要见人就说；别人的事，小心地说；自己的事，听听自己的心怎么说；现在的事，做了再说；未来的事，未来再说。”

话语本身是有温度的，说话也是有技巧的。只有技巧拿捏得恰到好处，才能赋予语言适合的温度，不会把聆听者灼伤，也不会让他感觉到冷漠。

王阳明强调讲话要谨慎，但是也主张要有讲真话的勇气。在各项与说话相关的原则中，讲真话一直被视为正直人士的标签，似乎一个人不说真话就算不得真诚。不过，讲真话有时候也得分聆听对象，分地点场合。

早在2000多年前，孔子就曾告诫我们：“可与言之而不与之言，失人；不可与言而与之言，失言。”说话之前，先得想清楚“可与言”和“不可与言”这两种人和两种情况，对那些有诚意、可信赖的“可与言”的人，如果“不与之言”，不说真话，那就是我们的失理、失礼，可能会因此失去难得的朋友或师长；但如果对方是不可信赖的“不可与言”者，你仅凭听了几句漂亮说词或慷慨承诺，就“与之尽言”，向他掏出了所有心里话，那你就可能失言、中“套”或上当。

心与心的距离就像硬币的两面，有时候很近，近得似乎融为一体；但有时候又很遥远，远到永远不可能达到对面。没有人能完完全全地理解另一个人，也没有一个人能被人完完全全地理解。我们每个人内心里都有一片私人领域，在这里我们埋藏了许多心事。心事是自己的秘密，一般时候都只可留给自己，不要轻易说出口，也许它会成为别人要挟你的把柄。

很多人有一个共同的毛病：心里藏不住事，有一点点喜怒哀乐之事，就总想找个人谈谈；更有甚者，不分时间、对象、场合，见什么人都把心事往外吐。其实这也没有太大关系，每个人都有与他人分享心情与感想的欲望，这些都再正常不过。

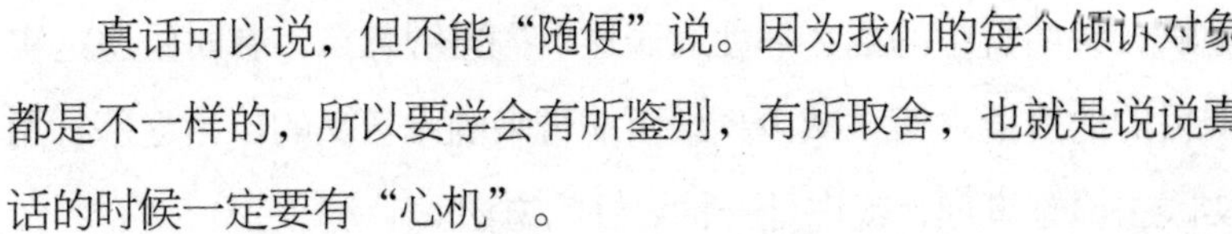

真话可以说，但不能“随便”说。因为我们的每个倾诉对象都是不一样的，所以要学会有所鉴别，有所取舍，也就是说说真话的时候一定要有“心机”。

我们处理心事之所以要这么慎重，是因为心事的倾吐会泄露一个人的脆弱面，这脆弱面会让人改变对你的印象。虽然有的人欣赏你“人性”的一面，但有的人会因此而下意识地看不起你，最糟糕的是脆弱面被别人掌握住，会形成他日争斗时对你的致命伤，这种事虽然未必会发生，但却必须预防。

有些心事带有危险性与机密性，例如，你在工作上承担的压力，你对某人的不满与批评等，当你毫不顾及地倾吐这些心事时，很可能有一天会被人拿来当成对付你的武器，到时候即使自己被他人暗伤，也未必清楚伤害自己的利刃正是出自自己之手。

还有一些比较敏感，可能会伤害到他人的真话也是不能随便出口的。人们常习惯于“非此即彼”的二元思维，但现实生活中其实还存在既不说假话，又不说真话的第三种途径。

“假话全不说，真话不全说”。这句话中其实蕴含着传统的中庸观念，看似有些“明哲保身”的意味，但我们不得不承认这种态度更接近现实生活的原貌。

在中国古代，诸多饱学之士莫不把这中庸之道当成确保自身“不倒翁”地位的经验之谈，这与传统观念提倡的忠孝仁义、君臣之纲，缺少反叛意识有莫大关联。虽然历史上也有知名的谏臣，比如唐朝的魏征、明朝的海瑞，但毕竟只是少数。忠言逆耳，更何况很多时候，与我们相交的人嘴中吐露的也未必就是心中所想，而且他也未必愿意听我们的实话，所以，有人愿意披着“皇帝的新装”，自然也就有人愿意充当“不明真相”的围观者。

打折的真话并不全然意味着胆怯或软弱，在说话的时候有所隐瞒，说些折中的话、弹性的表述、搁置敏感点，有时候也是实现目的的变通之策。减少真话可能带来的无意义的口舌之争，用实践去检验真理，或许是一种更好的方法。

嘴巴闭关，舌头收箭

以言语谤人，其谤浅。

——王阳明箴言

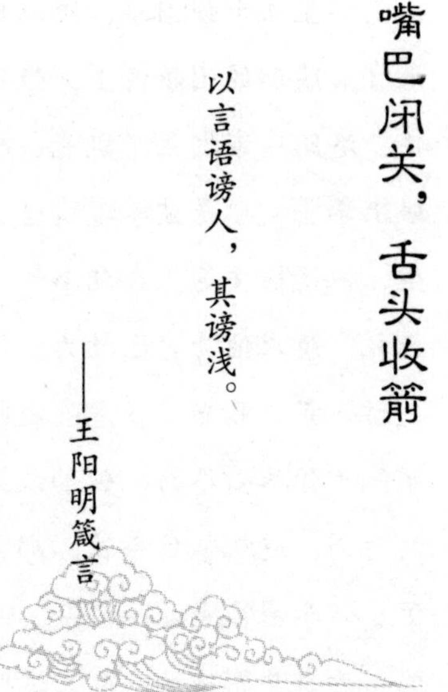

外交官在传达两方面意见的时候，只传其原意，过分的话不能传，也不能添油加醋，做到了这一步，才算完成使命，也才能够保全自己。这虽然是讲外交官的修养，做外交的哲学，但也是告诉我们做人的道理，应该怎么做，不应该怎么做。王阳明在回复学生周道通的信中说：用言语诽谤别人，这种诽谤是很肤浅的。尽管舌头没有骨头，但也应该特别小心它的厉害。因为话一旦说出口，就像射出的箭，再也不能收回了。因此，管好自己的舌头，学会说话处世很重要。

在为人处世时，要学会对人的性格作具体分析，要见什么人说什么话，对傲慢无礼的人说话应该简洁有力，最好不要跟这种人多谈，所谓“多说无益”；对沉默寡言的人就要直截了当；对深藏不露的人，你只把自己预先准备好的资料拿给他看就可以了；对于瞻前顾后、草率决断的人，说话时要把话分成几部分来讲。

徐文远是名门之后，他幼年跟随父亲被抓到了长安，那时候

他们的生活十分困难，难以自给。但他勤奋好学，通读经书，后来官居隋朝的国子博士，越王杨侗还请他担任祭酒一职。隋朝末年，洛阳一带发生了饥荒，徐文远只好外出打柴维持生计，凑巧碰上李密，于是被李密请进了自己的军队。李密曾是徐文远的学生，他请徐文远坐在朝南的上座，自己则率领手下兵士向他参拜行礼，请求他为自己效力。徐文远对李密说："如果将军你决心效仿伊尹、霍光，在危险之际辅佐皇室，那我虽然年迈，仍然希望能为你尽心尽力。但如果你要学王莽、董卓，在皇室遭遇危难的时刻，趁机篡位夺权，那我这个年迈体衰之人就不能帮你什么了。"李密答谢说："我敬听您的教诲。"

后来李密战败，徐文远归属了王世充。王世充也曾是徐文远的学生，他见到徐文远十分高兴，赐给他锦衣玉食。徐文远每次见到王世充，总要十分谦恭地对他行礼。

有人问他："听说您对李密十分倨傲，对王世充却恭敬万分，这是为什么呢？"

徐文远回答说："李密是个谦谦君子，所以像郦生对待刘邦那样用狂傲的方式对待他，他也能够接受；王世充却是个阴险小人，即使是老朋友也可能会被他杀死，所以我必须小心谨慎地与他相处。我察看时机而采取相应的对策，难道不应该如此吗？"

等到王世充也归顺唐朝后，徐文远又被任命为国子博士，很受唐太宗李世民的重用。

徐文远之所以能在五代隋唐之际的乱世保全自己，屡被重用，就是因为他针对不同的人有不同的应对之法，懂得灵活处世，懂得管好自己的嘴巴，到哪山唱哪歌。掌握说话的技巧，把人说活了，做事就能达到意想不到的效果。

愚者常常暴露出自己的愚昧，贤者却总是隐藏自己的知性。因为善于听话的人，易表露知性；而喜欢表现自我、喋喋不休的人，通常都是些傻瓜。基于这样，请记住这么一句忠言："假如

你想活得更幸福、更快乐的话，就应该从鼻子里充分吸进新鲜空气，而始终关闭你的嘴巴。”

平常做人就是如此，你说过分的话，结果倒霉的是你。当你时时意识到这个问题，不说闲话也就成了一种习惯，并进而改变了自己的心态，从耻笑别人转为审视自己。王阳明被封“新建伯”爵位，表面上十分光鲜，但只是挂了一个空号，对王阳明没有半点实质性的帮助，本有怨言的他被老父亲王华的一句“我以为惧”说得心服口服。父亲去世之后，他不再抱怨，不再说一些闲话，而是潜心学习。

警惕自己的舌头，如同慎重地对待珍宝一样，使自己的舌头保持沉默，人生将会得到很大的好处。人之所以有两个耳朵、一张嘴巴，是为了让人多听少说，听的分量是说的两倍。于是，那些懂得此理的人总是让人尊敬，而那些喋喋不休之人只能让人更厌恶。

好话说过了不如不说

善不可尽言。

——王阳明箴言

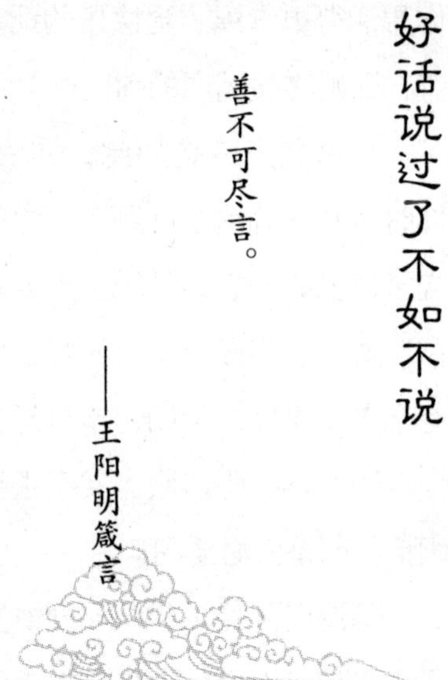

王阳明所在的封建官场，形势变幻莫测，人心叵测。王阳明虽然不是一个奉承的人，但是走进官场，又不得不摸索一些生存的门道。王阳明认为赞扬的话不能够全部说出，就算真的是发自内心的好意，有时可能会弄巧成拙，甚至被小人抓住辫子，要想有回旋的余地那就难了。

每一个人都希望受到别人的称赞，希望自己的真正价值被认可，尤其是希望得到同仁的认可。尽管人人都喜欢受到赞扬，但赞扬也必须恰如其分，恭维人的话不能过了头，这样对方会不自在，觉得你是虚情假意、逢场作戏，因此而不信任你。

清朝的中堂大人李鸿章，位高权重，文武百官都想讨他欢心，以便使他多多提携自己，能升个一官半职，也好光宗耀祖。这一年，中堂大人的夫人要过五十大寿，这自然是个送礼的大好时机，寿辰未到，满朝文武早已开始行动了，生怕自己落在别人后面。

合肥知县也想送礼，因为李鸿章祖籍合肥，这可是结攀中堂

大人的绝好时机。无奈小小的一个知县囊中羞涩，礼送少了等于没送，送多了又送不起，这下可把知县愁坏了，思来想去拿不定主意，于是请师爷前来商量。

师爷看透了知县的心思，满不在乎地说："这还不好办，交给我了。保准你一两银子也不花，而且送的礼品让李大人刮目相看。"

"是吗？快说送什么礼物？"知县大喜过望，笑成了一朵花。

"一副寿联即可。"

"寿联？这，能行吗？"

师爷看知县还有疑虑，便安慰他："你尽管放心，此事包在我身上，包你从此飞黄腾达。这寿联由我来写，你亲自送去，请中堂大人过目，不能疏忽。"

知县满口答应。

于是第二天，知县带着师爷写好的对联上路了。他昼夜兼程赶到北京。等到祝寿这一日，知县报了姓名来到李鸿章面前，朝下一跪："卑职合肥知县，前来给夫人祝寿！"

李鸿章看都没看他一眼，随口命人给他沏茶看座，因为来他这里的都是朝廷重臣，区区一个七品知县，李鸿章哪能看在眼里。

知县连忙取出寿联，双手奉上。

李鸿章顺手接过，打开上联：

"三月庚辰之前五十大寿。"

李鸿章心想：这叫什么句子？天下谁人不知我夫人是二月的生日，这"三月庚辰之前"岂不是废话。于是，李鸿章又打开了下联：

"两宫太后以下一品夫人。"

"两宫"指当时的慈安、慈禧，李鸿章见"两宫"字样，不敢怠慢，连忙跪了下来，命家人摆好香案，将此联挂在《麻姑上

寿图》的两边。

这副对联深得李鸿章的赏识，自然对合肥知县另眼相待，称赞有加，而这位知县也因此官运亨通了。

一副对联既抬高了李鸿章夫人的地位，同时又做到了不偏不倚，没有盲目哄抬，自然深得被赞的人喜欢。好话说多了，听话的人会觉得讲话的是虚伪不真实，不但没有达到讲话的目的，甚至还会为自己带来不必要的麻烦。

据说有一个年轻人曾经给恩格斯写了一封热情洋溢的信，信中称赞恩格斯是一位无与伦比的革命导师，一位伟大的思想家，甚至称其为马克思的再现等。恩格斯并没有因为这封信而有丝毫的感动，反而生气地回信说："我不是什么导师、思想家，我的名字叫恩格斯。"恩格斯作为一位杰出的思想家，他不喜欢别人在赞美他时用夸张的词汇，又因为他和马克思有着几十年的友谊，他是非常尊敬马克思的，当然会忌讳别人称他为"马克思的再现"。

此人本意在于表达对恩格斯的赞扬，却达到了不好的效果。的确，有时候，赞美别人也要有个度，在事实的基础上略有拔高就可以，如果不顾实际情况只是一味地表扬，别人不但不会感激，反而会心生厌烦。

恭维人的话不能过了头，过多了也不利于交谈，在谈话中频频夸对方"好聪明"、"好有能力"，对方频频表示客气，往往使谈话无法顺利进行。所以，我们平日就要把握赞美别人的度，点到为止，让别人心里高兴，也不会觉得你另有所图。

少妄言，多好话

凡今天下之论议我者，苟能取以为善，皆是砥砺切磋我也，则在我无非警惕修省进德之地矣。

——王阳明箴言

王阳明的一封书信中曾经写道：“凡今天下之论议我者，苟能取以为善，皆是砥砺切磋我也，则在我无非警惕修省进德之地矣。”世事纷繁复杂，真真假假，当是非降临时，我们也不必害怕，人间最大的力量不是枪炮或者拳头，而是忍，忍最终能将流言在真理面前击碎。做人应该以恕己之心恕人，以责人之心责己，一个真正的忍者，对待恶骂、打击、毁谤都要有承担、忍耐的力量。

一个人心地再好，如果嘴巴不好，也不能算是好人。言语谨慎是十分必要的。如果一个人总是滔滔不绝地讲话，说得多了，话里自然而然便会暴露出来很多问题。诗曰：不智之智，名曰真智。蠢然其容，灵辉内炽。用察为明，古人所忌。学道之士，晦以混世。不巧之巧，名曰极巧。一事无能，万法俱了。露才扬己，古人所少。学道之士，朴以自保。在生活的谈判桌上，“讷者”有时才是最杰出的谈判家。

南唐广陵人徐铉以学识渊博和通达古今闻名于北宋朝廷。

有一次，江南派徐铉来纳贡，照例要由宋廷派官员去作陪伴使。宰相赵普不知究竟选谁为好，就去向宋太祖请示。

太祖想了想，令殿前司写出十个不识字的殿中侍者的名字，太祖御笔一挥，随便圈了其中一个名字说："这个人就可以。"

这使在场的所有官员都大吃一惊。赵普也不敢再去请示，就催促那侍者马上动身。那位侍者得不到任何明确指示，只好莫名其妙地前去执行命令。

一见面，徐铉就滔滔不绝，口若悬河，所有人都叹服他的能言善辩。那位侍者大字不识，当然无言以对，只好频频点头称是。徐铉不知他深浅，更加搜索枯肠喋喋不休地想和他辩论。但是在一起住了好几天，那个侍者无一言相对。徐铉口干舌燥，疲惫不堪，只好闭嘴不说了。

实际上，当时宋廷上有陶毅和窦仪等博览群书的大儒，说起论辩之才，未必就输给徐铉。但宋太祖作为大国之君，接待小国使臣，没有派他们去争口舌之长短。因为两强相争，谁也不会服谁，反而有失大国体面。

人们常说沉默是金，它不仅是保住自己不惹祸端的好方法，更是一剂绝妙的做事药方。当我们面对自己不熟悉的或不擅长的事务之时，不如以沉默之精神以待，反而能更好地完成任务。就好像聋哑之人是不会和人起争斗的，因为他听不到也说不出。别人也不会找这种人斗，因为斗了也是白斗。他如果还一再挑衅，只会凸显他的好斗与无理取闹。不过大部分人都不聋不哑，一听到不顺耳的话就会回嘴，其实一回嘴就中了对方的计。

如王阳明所说，面对讥谤、无礼要做到不发怒不怨恨，而这又需要多么博大的胸怀。总是对别人吹毛求疵的人，一定不是个受欢迎的人；能容天下者，方能为天下人所容。你想要彩虹，就得宽容雨点，如果雨点滴到身上的那一刻便勃然大怒，又怎么能在彩虹出现的时候以一份怡然自得的心情去观赏那美

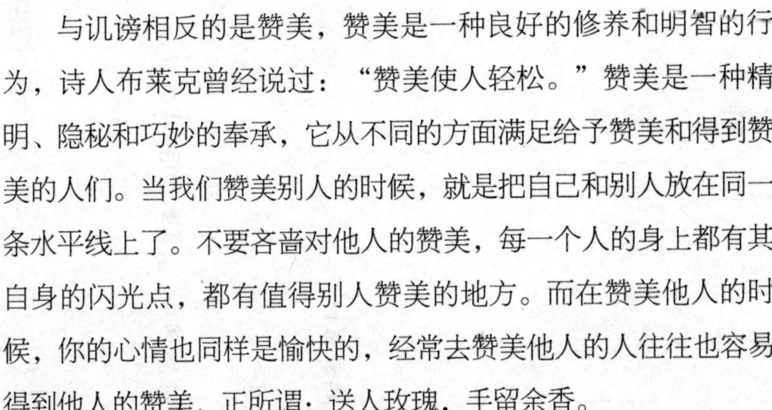

丽的风景呢？

与讥谤相反的是赞美，赞美是一种良好的修养和明智的行为，诗人布莱克曾经说过：“赞美使人轻松。”赞美是一种精明、隐秘和巧妙的奉承，它从不同的方面满足给予赞美和得到赞美的人们。当我们赞美别人的时候，就是把自己和别人放在同一条水平线上了。不要吝啬对他人的赞美，每一个人的身上都有其自身的闪光点，都有值得别人赞美的地方。而在赞美他人的时候，你的心情也同样是愉快的，经常去赞美他人的人往往也容易得到他人的赞美，正所谓：送人玫瑰，手留余香。

世上只要有人的地方就有纷争，尤其是有“我”有“你”再加个“他”，你、我、他之间的纷争就更多了。想在这种复杂的环境中营造和谐的人际关系，一要少言，二要多说好话。

言辞谨慎，不露锋芒，常常是成大事者智慧的显现。浅薄者信口开河，不仅暴露了他们的肤浅，也让人一眼看穿其心意，其架势更讨人生厌。言语作为了解一个人的重要窗口，如果不有所节制，他就毫无秘密可言；言语作为交际的一个重要手段，只有措辞得当，有所保留，才能办事有成，与人无咎。

言满天下无口过

夫言日茂而行益荒，吾欲无言也久矣。

——王阳明箴言

作为官场中人，王阳明并不热衷于权力的明争暗抢，也不想多拿国家一分一厘，虽然不争名不争利一心想着报国救民，但也难免成为官场中人暗伤的对象。王阳明在多次的起伏中证明最好的明哲保身的办法就是少说话，多做事，少说假、大、空的话，多做一些实在的、有益于国家、有利于人民的事情。

老子说“多言数穷，不如守中”，王阳明对此也是十分的赞同。但是有人认为“多言数穷，不如守中”只是明哲保身、与世无争的教条，因为为人处世终究是“是非只为多开口，烦恼皆因强出头”，这样理解有些浅显，只是抓住了这句话的一层含义而已。天地好比是一个大风箱。当用的时候，便鼓动成风，助人成事；当不需要的时候，便悠然止息，缄默无事。因此，“多言数穷，不如守中”，并非让人完全不开口说话，只是说所当说的，既不可多说，也不可不说。所谓“言满天下无口过”，才是守中的道理。

宋人张邦基在《墨庄漫录》中曾录有一则与苏轼有关的乡谈

趣闻。

苏轼在翰林院供职时，他的弟弟苏辙在处理政务的机构为官。有个早年与苏轼兄弟有往来的旧交，写信求苏辙在任内为他谋份差事，久而未遂。一天，这人找到苏轼，说："鄙人想托学士为我的事情跟令弟打个招呼。"

苏轼沉吟片刻，跟他说了个故事："过去有个人很穷，无以为生，就去盗墓。他挖开一座古墓，见有个全身赤裸的人坐在棺内对他说：'我是汉代的杨王孙，提倡裸葬，没有财物可接济你。'盗墓人无奈，又费了好一番力气挖开了另一座古墓，见有个皇帝躺在棺内对他说：'我是汉文帝，墓里没有金银玉器，只有陶瓦器皿，无法接济你。'盗墓人颇为丧气，见有两座古墓并排在一起，就去挖左边这座墓，直挖到精疲力竭方才挖开。只见棺内有个面带菜色的人对他说：'我是伯夷，被饿死在首阳山下，没办法帮得到你。'接着，伯夷又说：'我劝你还是别费力气再挖了，还是另找个地方吧，你看我瘦成这样，我弟弟叔齐也好不到哪儿去，也帮不了你。'"

听完苏轼所说的故事，旧交顿悟，大笑而去。

苏轼以讲故事的形式，巧妙地运用了三个典故，将自己兄弟俩严于律己、不谐流俗的意思，逐层循次地表达了出来，语言生动流转，妙趣横生，取得了非常好的婉拒效果。既说出了自己的原则，又让故人会心而去，言满天下，不留罅隙。

鬼谷子也曾说过："与智者言依于博，与博者言依于辩，与辩者言依于要，与富者言依于豪，与贫者言依于利，与勇者言依于敢，与愚者言依于锐。"意思是告诉人们，和聪明的人说话，须凭见闻广博；与见闻广博的人说话，须凭辨析能力；与有钱的人说话，言辞要豪爽；与穷人说话，要晓之以利；与勇敢的人说话不要怯懦；与愚笨的人说话，可以锋芒毕露。

可见，言满天下无口过，是智慧，也是艺术，是一门语言艺

术，做人艺术。正如王阳明所言“夫言日茂而行益荒”，话多而行为少时要遵循“多言数穷，不如守中”的原则，做人懂得把握言语的机妙，何时该说，该说什么，如何说，自然做人无过，这个时候即便多言也自何妨了。

第十三章

事上居下，到位不越位

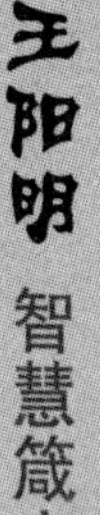

不争才是最大的争

君子求退勿迟。

——王阳明箴言

争与不争是两种处世的态度：争者摩拳擦掌；不争者平淡处之。关于不争，“水德”是对其最好的赞誉。在自然界的万事万物中，水滋润了万物，而又并不从万物那里争取任何有利于自己的东西。这种无私的表现为其赢得“以其不争，故天下莫能与之争”的美誉。

王阳明在中国哲学思想上取得的惊人成就，也与其“为而不争，天下莫能与之争”有关。年少时的王阳明满怀雄心壮志，一心追求真理、成为圣人。然而由于他性格耿直，不愿屈从恶势力，结果招致祸殃。之后，王阳明的人生发生了一个重大的转折。他远离政治，潜心研究儒教、佛教、道家思想，他的“不争”并不是放弃眼前的一切，而是以不争今日之利争万世，不争当前之利争天下。因其“不争”，故而能静心悟道，并体悟许多以前百思不得其解的道理，进而攀登上中国哲学思想的高峰。

只有无争，才能无忧。利人就会得人，利物就会得物，利天下就能得天下。善利万民的人，如同水滋润万物而与万物无争，不求所得。所以不争的争，才是争的最高境界。做人成事也是同样的道理。

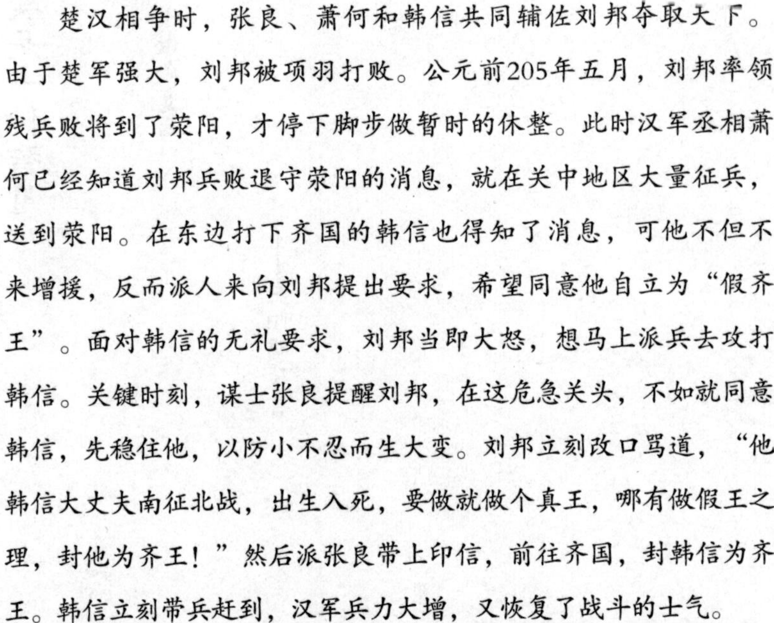
楚汉相争时，张良、萧何和韩信共同辅佐刘邦夺取天下。由于楚军强大，刘邦被项羽打败。公元前205年五月，刘邦率领残兵败将到了荥阳，才停下脚步做暂时的休整。此时汉军丞相萧何已经知道刘邦兵败退守荥阳的消息，就在关中地区大量征兵，送到荥阳。在东边打下齐国的韩信也得知了消息，可他不但不来增援，反而派人来向刘邦提出要求，希望同意他自立为“假齐王”。面对韩信的无礼要求，刘邦当即大怒，想马上派兵去攻打韩信。关键时刻，谋士张良提醒刘邦，在这危急关头，不如就同意韩信，先稳住他，以防小不忍而生大变。刘邦立刻改口骂道，“他韩信大丈夫南征北战，出生入死，要做就做个真王，哪有做假王之理，封他为齐王！”然后派张良带上印信，前往齐国，封韩信为齐王。韩信立刻带兵赶到，汉军兵力大增，又恢复了战斗的士气。

刘邦领悟了“不争”的智慧，使韩信断绝了非分之想，有效地稳定了军心，控制了复杂的局势。后来，韩信又帮助刘邦大争天下，最后“天下莫能与之争”，终成千古一帝。所以，不争不是无所作为、甘于堕落，不是要让人彻底断绝私心欲望，而是劝告世人要顺应大道，不要贪图眼前的小私，只有着眼于大局，才能得到最多的利益。

权力场上变化无常，欲免于忧患，就应保持一种“不争”的心情。与人无争，与世无争，看似消极避世，但实际上恰到好处的“与人无争”，是一种知晓进退规则之后的释然，也是一种不急功近利的心机。“与人无争”说到底是智慧的“退”，而“无人能与之争”则是聪明的“进”。

因而，我们在为人处世时，也应效法天道，把我们的智慧贡献出来，不辞劳苦，不计较名利，不居功，秉承天地生生不已、长养万物万类的精神，只问耕耘，不问收获，如能这样，则自然达到“为而不争，天下莫能与之争”的高境界。

低头是一种智慧

士傲命蹇焉。

——王阳明箴言

在古越这片土地上，越王勾践卧薪尝胆最终报仇复国的精神最见越人气性。王阳明在为人作序时，落款常是“古越阳明子”“阳明山人”“余姚王阳明”等，他以生为越人为荣。王阳明自幼受古越民风滋润，也深悟“卧薪尝胆”的精髓。少年时的王阳明曾去居庸三关，了解古代征战的细节，思考御边方策，回来之后甚至还屡屡想上疏朝廷建言献策，这种狂妄的想法得到了父亲的斥责。面对父亲的呵斥，王阳明并没有昂首怒目，反而经常出游，“考察”居庸三关，拜访乡村老人，询问北方少数民族的生活习俗，以探访各部落的攻守防御之策，为其“平安策”寻找可支撑的依据。最终写下著名的关于边防军队改革的奏疏，初显他卓越的军事才能。

有时候，俯首比昂首怒目更有威严，为了实现自己的梦想，短暂的低头并不是一种懦弱，韬光养晦之道实则是一种积极进取的精神。诚如梁漱溟先生所言：儒家虽然提倡温良恭俭让，但实质宣扬的却是一种积极进取的精神。换句话说，暂时的俯身就是

“以退为进，以柔克刚”，是一种方圆处世的态度。

民间有句谚语说：“低着头的是稻穗，昂着头的是稗子；低头的稻穗充满了成熟的智慧，而昂头的稗子只是招摇着空白的无知。”大哲学家苏格拉底曾说：“天地只有三尺，高于三尺的人要想长久立于天地之间，就要懂得低头。”懂得低头便是一种智慧。

秦始皇陵兵马俑博物馆的“镇馆之宝”是一尊跪射俑。许许多多出土的兵马俑都可以算作人间精品，但唯独是它享有了“镇馆之宝”的无上荣誉。

事实上，在出土、清理和修复的一千多尊各式兵马俑中，只有这尊跪射俑保存得最为完整，未经人工修复。如果仔细观察，还会发现这尊跪射俑身上的衣纹、发丝都清晰可见。

专家介绍说，这尊跪射俑之所以能够保存得如此完整，完全是得益于它自身的“低姿态”。原来兵马俑坑是地下通道式土木结构建筑，一旦棚顶塌陷、土木俱下时，高大的立姿俑自然是首先遭受灭顶之灾，这样一来，低姿的跪射俑受到的损害就大大减小。此外，跪射俑呈蹲跪姿，右膝、右足、左足三个支点呈等腰三角形，完全支撑着上体，整个身体重心在下，增加了它的稳固性，这与两足站立的立姿俑相比，就避免了倾倒、破损。所以，秦始皇陵兵马俑中的跪射俑在经历了两千多年的岁月后，依然完整地呈现在我们面前，真可谓是“宝中之宝”。

综观中国历史，那些成熟的人，有成就的人，往往都具备了低头、忍让、不自高自大的品质。譬如，西汉的韩信，因忍受“胯下之辱”，专心研究兵法，练习武艺，终得到刘邦的重用。三国时期的刘备再三低头：从三顾茅庐到孙刘联合，每一次低头，都会迎来“柳暗花明又一村”，终于成就“三足鼎立”的辉煌。

当今社会，错综复杂，变幻莫测。因此，在人生的漫长跋

涉中，我们就必须学会低头。好比当你陷入泥潭时，你最先做的是迅速地爬起来，并且远远地离开泥潭，而不是对着自己的鞋子说，我们可是出淤泥而不染的。

很多时候，低头都是为了追求长远利益而采取的策略。一个为了追求更大成功的人，面对暂时的困厄，不得不低头，通过忍耐甚至放弃尊严来保全自己。它需要很大的勇气，所以我们应当用平和的心态，像跪射俑那样，时刻保持着生命的低姿态，这样就一定会避开无谓的纷争，避免意外的伤害；就能更好地保全自己，发展自己，成就自己。

老子说过，当坚硬的牙齿脱落时，你的柔软舌头却完好无损。柔软有时候是完全可以胜过强硬的。以柔克刚，以退为进，恰恰是人生的大智慧、大境界。

在其位，善谋其政

众望莫负。

——王阳明箴言

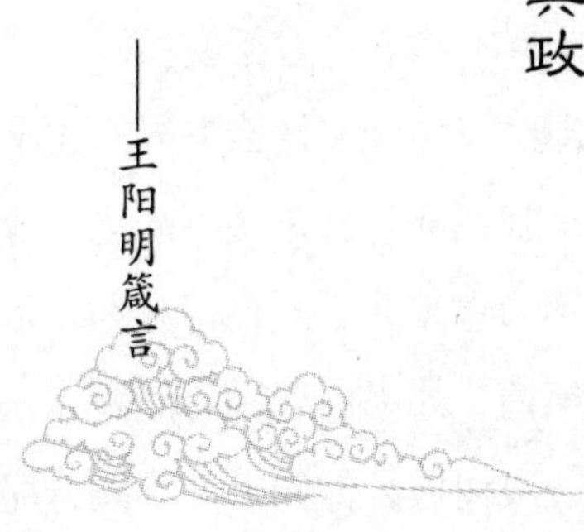

中国自古就有“不在其位，不谋其政”的说法，其有四个方面的含义，即“在其位，谋其政”、“在其位，不谋其政”、“不在其位，谋其政”、“不在其位，不谋其政”。其中“在其位，谋其政”，实际上是与“不在其位，不谋其政”相对应的，两个说法表面相反但内涵一致。

王阳明的一生，在竭尽全力地实践着“在其位，谋其政”的思想，他勤勤恳恳地为百姓办事，又鞠躬尽瘁地为朝廷排忧解难。在他以左佥都御史身份巡查江西南安、赣州，福建汀州、漳州等地时，途中遭遇起义农民拦阻。当商船集结阵势，扬旗鸣鼓，准备迎战时，那些走投无路的起义农民立即跪拜在岸边，陈述他们是灾民，希望得到救济。王阳明宣布停战，并且一到赣州，就派人救济灾民。”

另外，在其为官时，他运用手中的权力行其“亲民”之道，让“明德”在民间“明”起来。因而，在他管辖之下的地区百业兴旺，安居乐业。当其不为官时，他又能广为布道，广收弟子，

运用“心学”的思想威力，教化民众。

在其位，善谋其政。对于领导而言，就是运用手中的权力，指挥其他人为一个目标而努力、而行动。一个领导手中有多大权力，就应该发挥多大的能力，否则就会出现孟子所说的“不能者”与“不为者”之间的矛盾。

一次，齐宣王问孟子：“不为者与不能者之形，何以异？”即两者之间有什么差异？孟子答曰：“挟泰山以超北海，语人曰‘我不能’，是诚不能也，为长者折枝，语人曰‘我不能’，是不为也，非不能也。”意思是说，要人做背着泰山以超越北海的事情，如果他回答不能做到，那是真的不能，但是让他为长者折一段树枝，他如果说不能，那就是有这个能力而不去做了。孟子是暗示齐宣王，你有施行仁政的权力和能力，不是做得到做不到的问题，只是你肯不肯做而已。正是在其位，就必须善用其权，该做的、必须做的，不仅要做，还要做好。否则，于人于己，于家于国，有害而无利也。

清代纪晓岚的《阅微草堂笔记》里记载了这样一个故事：一位官员死了之后去见阎王，自称清廉，所到之处只饮一杯水，不收一分钱，自认无愧于心。不料，阎王却大声训斥道：“不要钱即为好官，植木偶于堂，并水不饮，不更胜公乎？”官员辩解：“某虽无功，亦无罪。”阎罗王又言：“公一生处处求自全，某狱某狱，避嫌疑而不言，非负民乎？某事某事，畏烦重而不举，非负国乎？三载考绩之谓何？无功即有罪矣。”

古代庸官的形象在这则故事中被刻画得入木三分。这种形象放在今天，就是一杯茶一支烟，一张报纸看半天、不求有功，只求无过、办事拖拉、工作推诿，纪律涣散、政令不畅，虽然两袖清风，但却无所作为。它的害处在于其“在其位而不谋其政”，不能想群众之所想、急群众之所急，误国误民。想要成就一番事业的领导就必须剔除这种思想。

古人说：“坐而论道，谓之王公；作而行之，谓之士大夫。”为官者需要各司其职，各尽其能。明君、清官也好，为民办实事的县长、局长也好，或者是各个企业的领导也好，既然有了一个足以施展抱负的位子，那么就应该在位子上尽心尽力，出谋划策，将自己的本职工作做到最好。

王阳明的心学主张将小我与大我融为一体。在一个集体当中，大家同生共长，所谓“己欲立而立人、己欲达而达人”，如果一个人在其位而善谋政，在复杂的竞争中，能适时放权，收敛自己的锋芒，本分行事，为他人着想，那么他就能在自己的活动空间里游刃有余，且不会成为庸人，虚度一生。

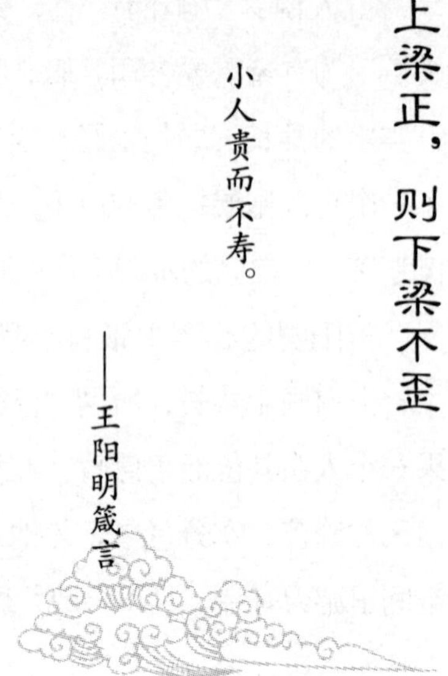

上梁正，则下梁不歪

小人贵而不寿。

——王阳明箴言

正德初年，王阳明因冒言直谏触犯权贵，被贬至贵州龙场。到任不久，捕获了一个罪大恶极的强盗头目。这个强盗头目平时杀人抢劫、无恶不作。在接受审讯的时候他还摆出一副无赖的架势。强盗知道自己犯的是死罪，便说要杀要剐悉从尊便。王阳明面对他无礼的态度并无怒气，反而和气地告诉他既然这样就不用审判了，还劝强盗天太热，可以脱去外衣！这个强盗想到脱掉外衣还可以松松绑，就脱去了外衣。王阳明又说不如把内衣也脱掉吧！强盗想了想又把内衣脱掉了。王阳明又劝他把内裤也脱掉吧，强盗着急了，他紧张起来，连声说“不方便”。王阳明看他如此紧张，就说这个强盗还是有廉耻心和道德良知的，并非一无是处。强盗看到王阳明这样说，便如实交代了自己的罪行。

王阳明善于从德化良知的角度来解决问题。他认为，德化良知能走入民心，更好地达到“其身正，不令则行”的目的。倡导“致良知”“知行合一”的王阳明一向注重德化的作用，他广泛布道，接纳弟子，传播“心学”。每到一地，他就普及文化，兴办学校，教百姓读书识字，宣传国家大政方针，防止民众违法犯罪。他希望通过这些措施上行下效，用文化和德政来教化当地百姓。

中国有句俗话说：“上梁不正下梁歪。”指的是做父亲的如果管不好自己，给孩子树立起不好的榜样，孩子就会效仿，最后也成为像自己父亲一样的人。

《论语·子路》中，子曰说：“其身正，不令而行；其身不正，虽令不从。”意思是说，当管理者自身端正，作出表率时，不用下命令，被管理者也就会跟着行动起来；相反，如果管理者自身不端正，而要求被管理者端正，那么，纵然三令五申，被管理者也不会服从的。这两段话都说明了一个道理：上行下效是一种风气。

上梁正，下梁则不歪。对于领导者而言，要想赢得下属的追随，就应当以身作则。三国时的曹操曾被人称为“治国之能臣，乱世之奸雄”。古今褒贬不一，虽然其功过不定，任由后人评说，但他在治国治军方面深得将士尊重，因为他深谙管理之道，正人先正己，以身作则。

麦熟时节，曹操率领大军去打仗，沿途的百姓因害怕士兵，躲到村外，无人敢回家收割小麦。曹操得知后，立即派人挨家挨户告诉百姓和各处看守边境的官吏，他是奉旨出兵讨伐逆贼为民除害的，现在正是麦收时节，士兵如有践踏麦田的，立即斩首示众，以儆效尤。百姓心存疑虑，都躲在暗处观察曹操军队的行动。曹操的官兵在经过麦田时，都下马用手扶着麦秆，一个接着一个，相互传递着走过麦地，没一个敢践踏麦子，百姓看见了，无不称颂。

但是，当曹操骑马经过麦田时，田野里忽然飞起一只鸟，坐骑受惊，一下子蹿入麦地，踏坏了一片麦田。曹操为服众立即唤来随行官员，要求治自己践踏麦田之罪。官员说：“怎么能给丞

相治罪呢？”曹操言道：“我亲口说的话都不遵守，还会有谁心甘情愿地遵守呢？一个不守信用的人，怎么能统领成千上万的士兵呢？”随即抽出腰间的佩剑要自刎，众人连忙拦阻。此时，大臣郭嘉走上前说：“古书《春秋》上说，法不加于尊。丞相统领大军，重任在身，怎么能自杀呢？”

曹操沉思了好久说：“既然古书《春秋》上有‘法不加于尊’的说法，我又肩负着天子交付的重任，那就暂且免去一死吧。但是，我不能说话不算话，我犯了错误也应该受罚。”于是，他就用剑割断自己的头发说：“那么，我就割掉头发代替我的头吧。”曹操又派人传令三军：丞相践踏麦田，本该斩首示众，因为肩负重任，所以割掉头发替罪。

古人云：“身体发肤，受之父母。”曹操深知军纪的重要性，正所谓，上梁正，下梁才不歪，要想让士兵发自内心地重视军纪，他自己就要遵守军纪。曹操割发代首，士兵看在眼里，心里必定会想：“丞相尚且如此，我等更应该严格遵守。”

要正人，先正己。领导是下属效仿的对象，只有自己以身作则才能更好地约束下属。美国前副总统林伯特·汉弗莱说：“我们不应该一个人前进，而要吸引别人跟我们一起前进，这个试验人人都必须做。”就是说，一个优秀的领导者应当以身作则，用自己的修养和思想影响身边的人，凡事自己起个好的带头作用，这样才能具有凝聚力，使下属自觉团结在自己周围。

礼让功劳，不露锋芒得安身

古先圣人许多好处，也只是无我而已。无我自能谦，谦者众善之基，傲者从恶之魁。

——王阳明箴言

菜根谭中有这样一段话：“完美名节，不宜独任，分些与人，可以远害其身；辱行污名，不宜全推，引些归己，可以韬光养德。”意思是说拥有完美名节，分些与人，无可厚非，而且还可以帮助自己远离祸害。当名誉受损的时候，不宜全部推脱责任，自己承担一些，可以帮助自己韬光养德。

行走人生，祸福总是相伴相生。面对功劳，要懂得礼让；面对祸害，要懂得承担。王阳明在为明政府扫清四处作乱的匪寇后，把功劳全部归于赏识他、为他工作扫除障碍的兵部尚书王琼。他讲求道德、气节，不在乎权势金钱，仅礼让功劳这一项就足为人们称道。

曾国藩也是一位知道礼让功劳的人。他明白要真正地赢得将士们的爱戴，名和利是最好的资本。因此，他从来都不独享功劳，而总是推功于人，他说，凡是遇到有名、有利的事情，都要和别人分享。

曾国荃围攻金陵久攻不下，但是又想独享大功，不愿意接受

李鸿章的援军，曾国藩就写信开导他说：

近日来非常担心老弟的病，初七日弟交差官带来的信以及给纪泽、纪鸿两儿的信于十一日收到，字迹有精神、有光泽，又有安静之气，言语之间也不显得急迫匆促，由此预测荃弟病体一定会痊愈，因此感到很宽慰。只是金陵城相持时间很久却还没有攻下，按我兄弟平日里的性情，恐怕肝病会越来越重。我和昌歧长谈，得知李少荃实际上有和我兄弟互相亲近、互相卫护的意思。我的意思是上奏朝廷请求准许少荃亲自带领开花炮队、洋枪队前来金陵城会同剿灭敌军。等到弟对我这封信的回信，我就一面上奏朝廷，一面给少荃去咨文一道，请他立即来金陵。

曾国藩在此委婉地向曾国荃表达了希望李鸿章能够与他一同作战，同立战功的想法。但是李鸿章一方面看到曾国荃并不想他插手金陵，同时也不愿意借此揽功，就上报朝廷，一方面上报朝廷说曾氏兄弟完全有能力攻克金陵，另一方面又派自己的弟弟前去帮助攻城。

攻下金陵后，李鸿章亲自前去祝贺，曾国藩带曾国荃迎于下关，说："曾家兄弟的脸面薄，全赖你了！"李鸿章自然谦逊一番。曾国藩一再声称，大功之成，实赖朝廷的指挥和诸官将的同心协力，至于他们曾家兄弟是仰赖天恩，得享其名，实是侥幸而来，只字不提一个"功"字。

他还上书朝廷把此次战功归于朝廷的英明和将士们，不提自己和弟弟的辛劳。谈到收复安庆之事，他也是归功于胡林翼的筹谋划策、多隆阿的艰苦战斗。在其他战役中，曾国藩也总是把赏银分给部下，把功劳归于他人并加以保举，如此一来，既得到了将士们的心，鼓舞了他们的士气，也让朝廷对他放心。

"天下熙熙，皆为利来；天下攘攘，皆为利往。"如果没有利益的诱惑，有多少人会真心地在战场上卖命呢？没有一个领导者能够不得众而长久地居于高位，因而领导者都应深谙不独享功

劳之道。曾国藩这种“有福同享，有难同当”的气魄展示了一个领导者的魅力，每一个将士都愿意跟随这样的领导者，乐于为他所用。

与曾国藩相对的是中国历史上另一个大将项羽。项羽力能扛鼎，一方称王，却以失败而告终。韩信在分析他的性格时说：项王待人恭敬慈爱，言语温和，有生病的人，心疼得流泪，将自己的饮食分给他，等到有的人立下战功，该加官晋爵时，把刻好的大印放在手里玩磨得失去了棱角，舍不得给人，这就是所说的妇人的仁慈啊。将士的浴血奋战却没能得来应得的报酬，长此以往，项羽自然会失去军心；军心一失，失败早已注定。

对我们来说，一件事情的完成，不可能只依靠个人之力，往往是凭借亲人、朋友或者同事等多方的努力。王阳明能够成为心学大师，是因为身边有志同道合的朋友，可以时常切磋，探讨学问；能够成为战场上的不败将军，是因为有忠心不二的部下。请务必将这个道理牢记在心头。当自己活跃的表现，受到周遭人的赞赏时，你应该大度地说：“这不是我一个人的功劳，是大家一起努力的结果。”这种肚量，能吸引周遭的人更乐于提供帮助。这样的良性循环，也便于工作和生活开展得更顺利。